Andreas Steidel

Radland Baden-Württemberg

Andreas Steidel

Radland
Baden-Württemberg

belser

Liebe Leserinnen und Leser,

die Nummer eins der Landmagazine Baden-Württembergs, „Mein Ländle", zeigt alle zwei Monate die schönsten Seiten unseres Landes in vielen Facetten. Einzelne Themen daraus bündeln wir erfolgreich in der Mein Ländle-Edition im Belser Verlag. So wie diesen Führer für Fahrradfreunde. Das Land mit seinen besonderen Schönheiten entdecken, kann man am besten per Pedes (siehe „Wandern im Ländle" in dieser Reihe), oder eben per Pedal oder Pedelec. Unser Radspezialist Andreas Steidel hat unglaublich reizvolle Regionen ausgewählt, ist vorgefahren und bietet in 21 Touren eine große Ausflugsvielfalt. Kurze und lange, anstrengende und gemütliche, eintägige und mehrtägige, bekannte und unbekannte Radtouren – für jeden Geschmack etwas. Man kann diese Touren sportlich, ambitioniert oder ganz gemütlich mit dem E-Bike nachfahren und dabei viel über Land, Leute und Kultur erfahren. Viel Freude mit diesem Buch.

Ihr Wulf Wager
Verleger „Mein Ländle"

Liebe Radlerinnen und Radler,

Radfahren ist ein Vergnügen. Die schönste Fortbewegungsform, die ich kenne. Man kommt rum, viel weiter, als wenn man nur zu Fuß unterwegs wäre, und sieht doch erheblich mehr als jeder schnell dahineilende Autofahrer.

Ich habe Baden-Württemberg bei der Arbeit für diesen Radreiseführer ganz neu entdeckt. Mit meiner Frau bin ich 21 schöne Wege geradelt. Ganz im Norden, der Tauber entlang, im Süden an der Schweizer Grenze, im Osten über die Höhen der Alb und im Westen durch die malerischen Weinlagen des Kaiserstuhls. Die Vielfalt der Wege ist enorm und ihre Qualität auch: Die meisten sind exzellent beschildert und bestens in Schuss.

Kurze Rundwege gibt es da und lange Streckentouren, völlig flache und ziemlich steile Routen. Das E-Bike hat das Land neu erschlossen und zur Wiederentdeckung fast schon vergessener Wege wie dem „Alb-Crossing‘ geführt. Ich habe dort die mir vertraute Schwäbische Alb von einer ganz anderen Seite kennengelernt.

Es sind die vielen Dinge am Wegesrand, die die Radtour zum Erlebnis machen. Die verzaubern und die Sinne ansprechen. Das Sonnenblumenfeld, die Rosenblüte im Weinberg, der Weißwein in der Dorfwirtschaft, das frische Obst aus dem Hofladen. Viele Burgen lohnen einen Abstecher und manch verträumtes Kirchlein auf der grünen Wiese.

Wer genussvoll Rad fährt, nimmt sich Zeit. Macht kleine Etappen, die ein bisschen Müßiggang erlauben und das eine oder andere Schwätzchen mit den Menschen am Gartenzaun. So lernt man auch gleich die Mund- und Lebensart ein wenig kennen.

Viele Radwege haben ein Thema: Burgen, Berge, Flusstäler, Wein, Kulinarik, die Oasen der Großstadt. Deshalb haben wir diesen Radreiseführer auch in sechs verschiedene Rubriken unterteilt, mit vergnüglichen Streckenbeschreibungen, aber auch ganz praktischen Hinweisen für die Tourenplanung. Immer gibt es dabei auch ein paar Einkehrtipps für Leib und Seele, aus eigener Genusserfahrung!

Vielleicht sehen wir uns ja auf einer der Touren durch das wunderbare Radland Baden-Württemberg, würde mich freuen.

Ihr Andreas Steidel

Brenz-Erfahrung

Eine Genusstour auf der Ostalb

Der Brenz-Radweg kompakt

Start: Brenztopf in Königsbronn
Ziel: Lauingen-Faimingen
Gesamtstrecke: 56 km
Fahrzeit: Tagestour
Höhenmeter: 46
Schwierigkeit: leicht

Anreise
Zwischen Königsbronn und Sontheim/Brenz verkehrt die Brenzbahn, Fahrzeit 30 Minuten. Etwas komplizierter ist der Rückweg mit Radtransport von Lauingen aus nach Königsbronn, er führt über Ulm und dauert knapp 1 ¾ Stunden. www.bahn.de

Der Radweg
Man folgt dem hellbauen Symbol „Brenztour" und plant am besten einen Tag ein. Das Eselsburger Tal liegt in der Mitte der Strecke, ideal für eine Rast. Beim Landratsamt Heidenheim und bei den Touristinfos am Weg gibt es den Flyer „Die Brenz – Fluss der Zeit". Weitere Informationen unter: www.die-brenz.de

Einkehr
Cafe Ver-edelt in Königsbronn: köstliche Bio-Marmelade und Kuchen, direkt in der Georg-Elser-Gedenkstätte, geöffnet Mittwoch–Sonntag, www.ver-edelt.de
Wirtshaus Talschenke im Eselsburger Tal: gutes Selbstbedienungsrestaurant mit schönem Biergarten, geöffnet täglich außer Montag, www.eselsburg-talschenke.de
Landgasthof Schlösslekeller in Lauingen: Traditionsgasthof mit guter Auswahl bayerisch-schwäbischer Speisen, Biergarten leider an der Verkehrsstraße, geöffnet Dienstag–Sonntag, www.landgasthof-schloesslekeller.de

Allgemeine Auskunft
Heidenheimer Brenzregion, Landratsamt Heidenheim, Felsenstraße 36, 89518 Heidenheim, Telefon: 07321 3212593, www.heidenheimer-brenzregion.de

Der Ursprung der Brenz und des Brenz-Radwegs:
die Kloster- und Georg-Elser-Gemeinde Königsbronn.

Nur 52 Kilometer lang ist die Brenz. Ein gemächlicher Nebenfluss der Donau, der auf der Ostalb entspringt. Ein Radweg begleitet ihn auf seiner zauberhaften Reise entlang von Wiesen, Kalkfelsen, Dörfern und Schlössern – bis über die Grenze des Ländles.

Flüsse sind an ihrer Quelle oft nur ein Rinnsal. Nicht so die Brenz! Kaum ist sie an der Oberfläche, wird aus ihr ein richtig breites Fließgewässer. Über 1000 Liter pro Sekunde schießen hinter der alten Hammerschmiede in Königsbronn aus dem Boden. In einem blaugrünen Quelltopf sammelt sich das eiskalte Wasser aus den tiefen Karsthöhlen der Ostalb und beginnt seine Reise in den Süden.

Schon auf ihrem ersten Flusskilometer bekommt die Brenz Zuwachs. Der Ziegelbach mündet hinein und wenig später der Pfeffer, ein mit 450 Meter Länge rekordverdächtig kurzer Nebenfluss. So besteht für Radler zu keiner Zeit die Gefahr, den Fluss zu verlieren. Von Anfang an ist er groß genug, um sich an seinem Verlauf zu orientieren.

Die Radreise dicht am Wasser kann also beginnen. 56 Kilometer misst die Strecke, das sind ein paar mehr, als der Fluss selbst hat. Ein hellblaues Symbol mit der Aufschrift „Brenztour“ weist den Weg. Mit knapp drei Stunden wird in der offiziellen Tourenbe-

schreibung die Radfahrzeit angegeben, doch das ist natürlich völlig unrealistisch: Wer die Brenz und den Brenz-Radweg genießen will, der nimmt sich einen gemütlichen Tag lang Zeit. Es gibt einfach so viel zu sehen und zu erleben.

Das beginnt schon in Königsbronn. Geschichtsinteressierte kennen den Ort, weil er die Heimat des Hitler-Attentäters Georg Elser (1903–1945) ist; eine **Gedenkstätte** ❶ liegt dem Brenztopf gegenüber. In deren Untergeschoss verführt das wunderbare Café Ver-edelt mit hausgemachter Marmelade, köstlichem Kuchen und einem lauschigen Garten zum Verweilen.

Vorbei an den Resten eines alten Klosters geht der Radweg aus Königsbronn hinaus. Schon nach zwei Kilometern streift er den **Itzelberger See** ❷, ein großes Freizeitgelände, das einstmals ein Fischteich der Zisterzienser-Mönche war. Sie haben die Brenz hier einfach aufgestaut und in ein stehendes Gewässer verwandelt. Tretboote verkehren hier und Radfahrer, Angler halten ihre Ruten ins Wasser. Mit etwas Glück beißen Äsche, Bachforelle oder Rotfeder an.

An weiten Wiesen entlang führt der Weg weiter Richtung Heidenheim. Die Kreisstadt auf der Ostalb ist vor allem ein Industriestandort, von dem man als Radfahrer aber nicht viel mitkriegt: Erst empfängt Schloss Hellenstein die Pedalritter, dann locken in der Fußgängerzone zahlreiche Straßencafés und Eisdielen. Lediglich am Ende der Stadt passiert man das

Sind unbedingt einen Halt wert:
die Steinernen Jungfrauen im Eselsburger Tal.

Gemütliches Gekurve: Der Brenz-Radweg ist flach und etwas für die ganze Familie.

Firmengelände des Technologiekonzerns Voith; das riesige Areal zieht sich über fast einen Kilometer.

Doch bald schon dominiert wieder das Landleben. Ausgedehnte Wiesen und Weiden, die das Ufer säumen, Dörfer und kleine Wäldchen. Der Fluss fließt fast in Zeitlupe, auf seiner gesamten Strecke verliert er nur etwa 80 Höhenmeter, und zuweilen sieht es so aus, als ob er steht. Dickes grünes Wasserkraut sprießt in der Mitte. An diesen Stellen sieht die Brenz aus wie die schwäbische Ausgabe des Amazonas. Ab und zu muss sogar unter Wasser gemäht werden.

Der Weg um spitze Nadeln

Dem **Eselsburger Tal** ❸ nähert sich die Radroute von der Westseite. Keine einzige Verkehrsstraße gibt es hier, nur Felsen, Wald und Wiesen sowie einen Fluss, der sich seinen Weg bahnt. Im Eselsburger Tal macht die Brenz eine fünf Kilometer lange Schleife, umfließt den Berg Buigen und eine Vielzahl spitzer Felsennadeln, von denen die Steinernen Jungfrauen die bekanntesten sind. Seit über 30 Jahren steht das Eselsburger Tal unter Naturschutz. Biber fühlen sich hier wohl, Eisvögel und Wasserfrösche. Sowie natürlich die Radfahrer, die hier Rast machen. Das Tal liegt nahezu in der Mitte der Brenztour, Grund genug, hier ein Päuschen zu machen und die Landschaft zu genießen. In der Talschenke gibt es Kaffee, Kuchen, Radler, frische Säfte und deftige Speisen. Ein großer Biergarten mit Selbstbedienung, die Qualität ist aber überraschend gut.

Die nächste Station in Giengen an der Brenz ist ein Pflichtstopp für alle Freunde der Kuscheltiere. Hier hat die **Firma Steiff** 4 ihren Sitz. In einer großen Erlebniswelt kommt man den kleinen Teddybären näher und erfährt die Geschichte ihrer Herstellung direkt am Ursprungsort

Zurück zu den Ursprüngen: So lautet auch das Motto der Brenz-Renaturierung hinter Giengen und Hermaringen. Viele Flachwasserzonen sind ent-

Idylle am Wegesrand: das Schloss in Brenz, die Fußgängerbrücke in Hermaringen.

standen, alte Kiesbänke und tote Seitenarme haben sich wieder mit Leben gefüllt. Am Zufluss der Hürbe wurde sogar ein **Aussichtsturm** ❺ für Naturfreunde errichtet.

Nun ist es nicht mehr weit bis nach Bayern. Doch bevor man die Landesgrenze passiert, haben die Württemberger nochmals eine majestätische Wegmarke gesetzt, **Schloss Brenz** ❻ und die nicht minder beeindruckende Galluskirche. Sie liegen in einem Dorf, das genauso heißt wie der Fluss: Brenz an der Brenz, ein Ortsteil von Sontheim.

Schon von Weitem sieht man das Schloss und die Kirche. Die Staufer haben hier ihre Spuren hinterlassen, Kaiser Karl V. (1500–1558) und später die Herzöge von Württemberg. Heute residieren Störche auf dem Renaissanceschloss, gleich mehrere Familien aus dem Geschlecht der Adebare haben hier eine Dachwohnung bezogen.

Beinahe unmerklich erfolgt der Wechsel ins benachbarte Bundesland; Sontheim und Bächingen gehen fast nahtlos ineinander über, am Horizont ragen die ersten katholischen Zwiebeltürme auf. Die Brenz gibt kurz vor Gundelfingen Gas, als ob sie es nicht mehr erwarten könnte, in die Donau zu fließen.

Kurz vor Lauingen geht die Reise der Brenz schließlich zu Ende. Ganz in der Nähe der Berufsschule fließt der schwäbische Fluss in die bayerische Donau, die im Badischen entspringt. Exakt 51,7 Kilometer hat er zurückgelegt, auf dem Rad sind es 56 Kilometer zuzüglich jener Abstecher, die die Radtour erst zu einem richtigen Erlebnis machen.

Jetzt ist es Zeit für einen Ausklang und eine zünftige Mahlzeit. In einem bayerischen Wirtshaus natürlich. Man muss halt ab und zu auch über Grenzen gehen. So wie die Brenz, die mitsamt der Donau nun in Richtung Schwarzes Meer entschwindet.

Radweg mit Aussicht: Schon von weitem
sieht man die Silhouette von Brenz an der Brenz.

Sehenswert

Georg-Elser-Gedenkstätte ❶
Dem Widerstandskämpfer ist in Königsbronn eine Gedenkstätte in der Herwartstraße 3 gewidmet, geöffnet sonn- und feiertags 11–17 Uhr. Besucher des dortigen Cafés Ver-edelt kommen aber auch an anderen Tagen hinein. www.koenigsbronn.de

Steiff-Museum ❹
Am Firmensitz der Margarete Steiff GmbH in Giengen an der Brenz, Margarete-Steiff-Platz 1, gibt es ein sehr lebendiges, interaktives Museum mit kleinen und ganz großen Steiff-Tieren sowie einen Direktverkauf. www.steiff.com

Brenz an der Brenz ❻
Hier sollte man unbedingt einen Abstecher zu Schloss und Galluskirche machen, die direkt nebeneinander liegen. Die Galluskirche ist ein seltenes Baudenkmal aus spätromanisch-staufischer Zeit.

Römer in Lauingen ❼
Am Zielort der Brenzradtour, im bayerischen Lauingen-Faimingen, gab es einst den größten römischen Tempelbau nördlich der Alpen. Er ist heute ein Freilichtmuseum (Apollo-Grannus-Tempel) und kostenlos zugänglich. www.lauingen.de

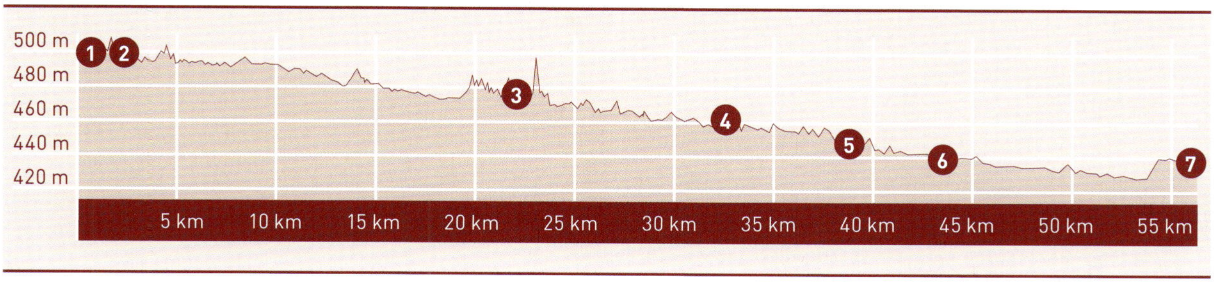

Romantisch gegen den Strom

Mit dem Rad entlang der jungen Donau

Der Donau-Radweg kompakt

Start: Ulm
Ziel: Donaueschingen
Gesamtstrecke: 200 km
Fahrzeit: 4 Tagesetappen
Höhenmeter: 874
Schwierigkeit: leicht bis mittel

Anreise
Start und Ziel in Ulm beziehungsweise Donaueschingen sind gut mit der Bahn zu erreichen. Vom 1. Mai bis Mitte Oktober verkehrt samstags, sonn- und feiertags ein Naturparkexpress zwischen Sigmaringen und Immendingen/Donaueschingen, die Fahrradmitnahme ist kostenlos. Telefon: 07466 92800, www.naturpark-obere-donau.de

Der Radweg
Den baden-württembergischen Donau-Radweg kann man in beide Richtungen fahren. Da er nicht immer direkt am Fluss entlangführt, sind auch einige Steigungen zu bewältigen. Der Radweg ist gut beschildert und erhielt vom Allgemeinen Deutschen Fahrrad-Club (ADFC) vier Sterne. Der schönste Abschnitt liegt zwischen Fridingen und Beuron, weil hier die Verkehrsstraße nicht durchs Flusstal führt. Infos unter: www.deutsche-donau.de

E-Bike-Verleih
Ein umfangreiches Angebot an E-Bikes hat das E-Bike-Center Donautal in Beuron, Talhof 2. Die Kapazitäten reichen bei Vorreservierung auch für größere Gruppen aus. Telefon: 07579 9339009, www.e-bike-donautal.de

Einkehr
Das idyllisch gelegene **„Jägerhaus" zwischen Beuron und Fridingen** hat sowohl ein Restaurant als auch einen Kiosk mit kleinen Speisen im Außenbereich. www.jaegerhaus.de
Ein Stopp lohnt sich auch im **Biergarten des Brauereigasthofs Berg in Ehingen**. www.bergbier.de
In der **Erzabtei Sankt Martin zu Beuron** leben noch 40 Benediktinermönche. Man kann dort Gottesdienste besuchen sowie nach Voranmeldung im Gästehaus übernachten. Telefon: 07466 17158, www.erzabtei-beuron.de

Buchtipp
Ideal für unterwegs ist das Bikeline-Radtourenbuch „Donau-Radweg 1". Es beschreibt den gesamten deutschen Donau-Radweg von Donaueschingen bis Passau. Verlag Esterbauer, ISBN 978-3-85000-799-3

Allgemeine Auskunft
Schwäbische Alb Tourismus
Telefon: 07125 939300
www.schwaebischealb.de

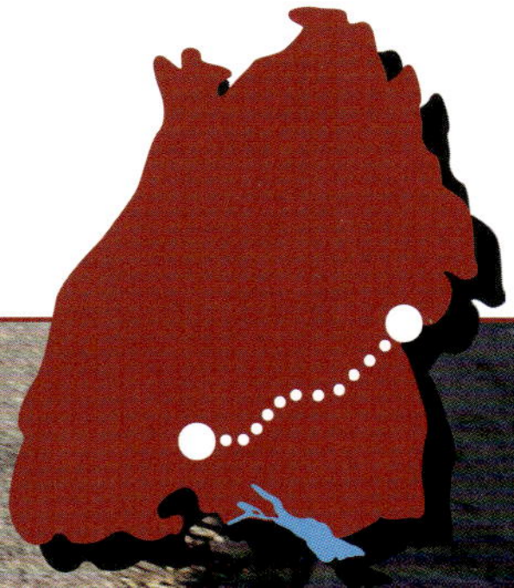

Von Kirchturm zu Kirchturm: Das Donautal ist eine alte Kulturlandschaft. Im Hintergrund Munderkingen.

200 Kilometer misst der baden-württembergische Teil der Donau. Bei Donaueschingen beginnt der große europäische Fluss ganz klein. Eine romantische Radtour zur Quelle.

Auf einer großen Wiese unter einer alten Ritterburg singen Bienen ihr leises Lied vom Sommer. Die Donau spielt dazu die Begleitmelodie. Noch klein und bescheiden ist sie hier: ein größerer Bach, dessen dunkelblaues Wasser mit einem leichten Glucksen über eine Staustufe hüpft. Der Rastplatz am „Jägerhaus" ist eine der schönsten Stellen auf dem Donau-Radweg: ein alter Gasthof mit Stallungen, ein einsames Gehöft, umgeben von steilen Kalkfelsen, die von Bäumen und Burgen bekrönt sind. In ihrer Mitte fließt die Donau, tiefblau und völlig ungestört: Der Abschnitt zwischen Beuron und Fridingen ist der einzige ohne Autostraße und Kanutourismus. Hier windet sich der Fluss ungestört in unzähligen Schleifen durchs Tal.

Radler auf dem Donau-Radweg stellen genau hier ihren Drahtesel auf der Wiese ab, hängen die Füße ins Wasser, lauschen andächtig dem Plätschern des Flusses. Spaziergänger passieren eine Holzbrücke, gehen vom aussichtsreichen Knopfmacherfelsen zum Schloss Bronnen. Im „Jägerhaus" kehren sie ein, bestellen Bier, Limonade, Würstchen oder Wildgerichte, die hier ebenso wie das Fleisch des indischen Zeburindes zu den Spezialitäten gehören – eine von vielen zauberhaften Momentaufnahmen.

Rückwärts zählen

Über 2800 Kilometer ist die Donau lang. Der zweitgrößte Fluss Europas passiert auf seiner Reise zum Schwarzen Meer zehn Länder. Das erste ist Deutschland, dessen Süden er auf einer Strecke von gut 600 Kilometern durchquert: 200 in Baden-Württemberg und 400 in Bayern. Man kann die Tour in beide Richtungen machen. Doch nur, wer gegen den Strom fährt, kommt zur Quelle – und zählt nebenbei die Flusskilometer in der richtigen Reihenfolge, denn die Donau ist eine der wenigen Gewässer, deren Verlauf rückwärts gerechnet wird. Der erste Donau-Ort im Ländle ist so gesehen Ulm. Ein würdiger Startpunkt, denn sein Münster hält noch immer den Weltrekord: Es überragt mit 161,53 Meter Höhe noch heute alle

Kirchtürme der Erde. Einen Weltrekord wollte einst auch der Schneider von Ulm aufstellen, als er 1811 mit einer Art Gleitschirm vom Ufer abhob und krachend landete, und zwar in der Donau.

Der Fluss führt hier schon reichlich Wasser, wächst nach dem Zufluss der Iller und der Blau auf etwa 70 Meter in der Breite an. Nach gut 30 Kilometern erreicht man die **Bierkulturstadt Ehingen** ❶ und kann hier ein frisch Gezapftes unter den alten Kastanienbäumen der Brauerei Berg genießen. Immer wieder taucht eine Kapelle am Wegesrand auf und immer öfter auch Störche, die ihre Flügel über dem Donautal ausbreiten. Besonders wohl fühlen sie sich in Riedlingen. Vom Donauufer aus kann man beobachten, wie sie über den Dächern der Stadt auf ihren Nestern landen und die aufgesperrten Schnäbel ihres stets hungrigen Nachwuchses stopfen.

Das Bunte im Wasser

In **Sigmaringen** ❷ beginnt der vielleicht schönste Abschnitt des baden-württembergischen Donau-Radwegs. Nirgendwo gibt es so viele Burgen und Schlösser wie auf den letzten 100 Flusskilometern bis Donaueschingen. Das Glanzstück steht gleich am Anfang der Etappe, erhaben auf einem Felsplateau: Schloss Sigmaringen. Den besten Blick darauf hat man von der gegenüberliegenden Flussseite. Pärchen treffen sich hier, rastende Radfahrer und Fotografen, die die Zinnen und Türmchen der einstigen Fürstenresidenz mit ihrer Kamera einfangen.

Mit jedem Kilometer wird die Donau nun ein wenig schlanker und vom großen Strom zu einem lauschigen Bach. Schleife um Schleife windet sie sich durchs Tal, zwängt sich zwischen großen Felswänden hindurch, die steil in den Himmel ragen. Das Bunte im Wasser sind die Kanufahrer: Von Sigmaringen bis Beuron dürfen sie sich noch auf der Donau vergnügen, danach hat die Natur Vorrang. In **Beuron** ❸ gibt es ein Naturschutzzentrum und eine der letzten noch aktiven Abteien des Landes. Es kann sein, dass „Bruder Pförtner" knorrig sein Gesicht durch die Scheibe streckt und fragt: „Was gibt's?" Der alte, gebückte Mann ist einer von 40 Mönchen, die noch im Kloster leben.

Ein Monument inmitten der Natur: die Abtei Beuron zwischen den Felswänden des Oberen Donautals.

Formidable Aussichten: Blick vom Knopfmacherfelsen ins unverbaute Tal der jungen Donau bei Beuron.

Und weg ist sie

In Beuron ist das besiedelte Tal zu Ende. Nun folgen jene zehn Kilometer bis Fridingen, in denen das „Jägerhaus“ und die Vesperstube Ziegelhütte die einzigen Gebäude auf weiter Flur sind. Der Radweg führt fast immer am Fluss entlang. Mal topfeben, dann wieder bergauf, mal auf Schotter und mal auf Asphalt. Alte Gasthäuser und Biergärten säumen die Strecke und servieren, wie das „Scharf Eck“ in Fridingen, Deftiges aus der Küche oder kalorienreiche Donauwellen von der Kuchentheke.

Wer weiter nach Westen fährt, erlebt bei Tuttlingen-Möhringen doch noch „sein blaues Wunder“. Plötzlich ist die Donau nämlich verschwunden. Fußgänger spazieren durch ihr ausgetrocknetes Bett. Die Erklärung gibt es ein paar Kilometer stromaufwärts. An einer Flusskehre kurz vor Immendingen wird das Phänomen der **„Donauversickerung“** ❹ erklärt. Der Fluss taucht im wahrsten Sinne des Wortes ab, versickert im unterirdischen Höhlensystem der Südwestalb und lässt die überirdische Donau an fast 200 Tagen im Jahr leer laufen.

Der ewige Streit

Das alles wäre nicht weiter schlimm, wenn das Wasser an einer anderen Stelle des Flusslaufs wieder herauskäme. Doch was unterirdisch abfließt, wandert tatsächlich weitestgehend in Richtung Rhein und Bodensee ab. Die um ihr Wasser betrogene Donau muss es aus neuen Quellen und Zuflüssen wieder zusammenholen.

Dies wirft einmal mehr die Frage nach dem eigentlichen Donau-Ursprung auf. Seit Jahrzehnten streiten Furtwangen und Donaueschingen um die einzig wahre Donauquelle. In Furtwangen entspringt der größere der beiden Zubringerflüsse, die Breg, in Donaueschingen im fürstlichen Park jedoch eine Quelle, die seit römischen Zeiten die Brigach speist. Im 18. Jahrhundert wurde sie eingefasst wie ein königlicher Springbrunnen, überragt von einem gelben Kirchturm, der sich in ihrem Wasser spiegelt. Unten blubbern Bläschen, darüber thront eine Skulptur der jungen Donau, die von hier aus angeblich ihre Reise zum Schwarzen Meer beginnt. Fest steht letztlich nur eines: Erst mit dem Zusammenfluss von **Brigach und Breg** ❺ heißt der Fluss wirklich Donau. Ein idealer Ort, um die Radtour ausklingen zu lassen, die Füße von sich zu strecken und als Gast der Vermählung der beiden Quellflüsse an der Spitze einer lauschigen Landzunge beizuwohnen. „Brigach und Breg bringen die Donau zuweg", der Merksatz hat seine Gültigkeit behalten. Am Rande von Donaueschingen gehen sie ihre lang anhaltende Verbindung ein und teilen sich wie ein Ehepaar für die nächsten 2800 Kilometer das Flussbett.

Sehenswert

Sigmaringen ❷
Nicht nur das Schloss, sondern auch die Altstadt ist einen ausführlichen Halt wert. Im Schloss finden täglich mehrere Führungen statt: www.hohenzollern-schloss.de

Knopfmacherfelsen ❸
Liegt nicht direkt am Radweg, ist aber wegen seiner Aussicht als Abstecher zu empfehlen. Eventuell Räder am Fridinger Jägerhaus abstellen und die 2,5 Kilometer hochwandern.

Fürstlich Fürstenbergischer Park ❺
Im englischen und französischen Stil gestaltete Parkanlage mit vielen Weihern und Wasserläufen. In der Nähe ist auch die gefasste und beleuchtete historische Donauquelle: www.donaueschingen.de

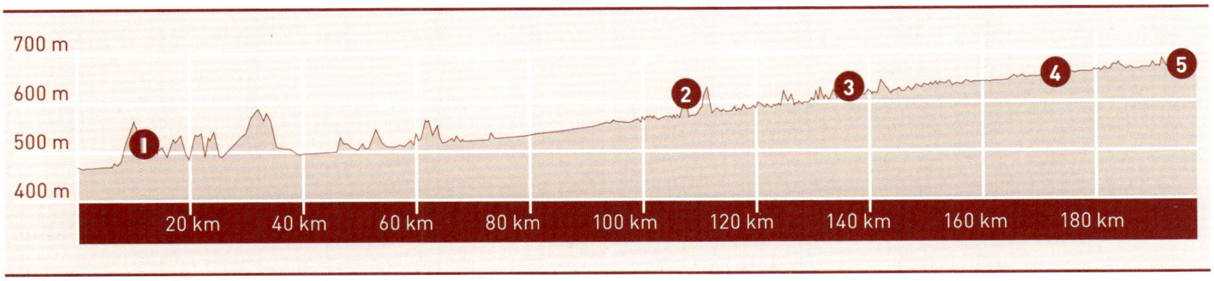

Zwischen Wäldern und Weinbergen

Eine Radtour durchs Elztal im badischen Südschwarzwald

Der Elztal-Radweg kompakt

Start: Oberprechtal (oder Elzach)
Ziel: Gundelfingen
Gesamtstrecke: 37 km
Fahrzeit: Tagestour
Höhenmeter: 60
Schwierigkeit: leicht

Anreise
Zwischen Gundelfingen im Breisgau und Elzach fährt die Breisgau-S-Bahn. Sie verkehrt stündlich und bringt die Radfahrer in 30 Minuten zurück. Von Gundelfingen sind es nur wenige Bahnminuten bis Freiburg. www.breisgau-s-bahn.de, www.bahn.de

Der Radweg
Die rund 30 Kilometer lange beschilderte Strecke führt mit leichtem Gefälle von Elzach-Prechtal nach Gundelfingen bei Freiburg. Man kann die Strecke problemlos auch andersherum fahren. Die Wege sind alle asphaltiert und verlaufen außer in Niederwinden abseits der Hauptstraße: www.zweitaelerland.de.

Die Verlängerung
Wer ein idyllisches Stück Schwarzwald erleben will, sollte die Tour unbedingt in Richtung Elzach-Oberprechtal verlängern beziehungsweise dort beginnen. Von Oberprechtal-Wittenbach sind es etwa zehn Kilometer bis zum Beginn des Elztalradwegs. Man fährt hier auf der wenig befahrenen Hauptstraße oder auf alten Wirtschaftswegen.

Radkarten
Ein kostenloses Faltblatt „Elztal-Radwanderweg" gibt es bei ZweiTälerLand Tourismus. Detailliert und gut ist die Rad- und Freizeitkarte Landkreis Emmendingen (1 : 50 000). Dort sind auch zahlreiche andere Routen und das Tal bei Oberprechtal verzeichnet; erhältlich beim Tourismusverband oder im Buchhandel.

Einkehr
Landgasthof Rössle, Triberger Straße 35, 79215 Elzach-Oberprechtal, Telefon: 07682 1259, www.roessle-oberprechtal.de
Café-Restaurant Stadtrainsee (mit Biergarten), Goethestraße 21, 79183 Waldkirch, Telefon: 07681 22778, www.stadtrainsee.de

Allgemeine Auskunft
ZweiTälerLand Tourismus, Elztal & Simonswäldertal, Im Bahnhof Bleibach, 79261 Gutach im Breisgau, Telefon: 07685 19433, www.zweitaelerland.de

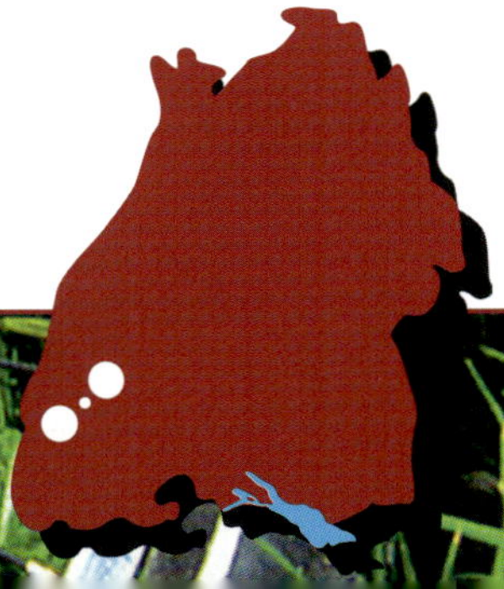

Wegkreuze und Weinberge: Je mehr man sich dem Rhein nähert, desto breiter wird das Elztal.

Aus den Tiefen des Schwarzwalds fließt die Elz in Richtung Rhein. Durchs grüne Tal führt ein 30 Kilometer langer Radweg, der auch für Familien problemlos zu bewältigen ist. Seine idyllischsten Stellen liegen dort, wo der Fluss noch ganz klein und ursprünglich ist.

Oberprechtal ist ein Schwarzwaldort wie aus dem Bilderbuch: umgeben von grünen Wiesen und dunklen Tannen, gemütlich grasende Kühe, die in die Morgensonne blinzeln, und dazwischen immer wieder ein paar Bauernhäuser, aus denen Traktoren heraustuckern. Ein schöner Ort, um seine Radtour entlang der Elz zu beginnen. Sie ist hier noch ganz jung, ein kleiner rauschender Bach, der durch die Talmitte führt. Irgendwo bei Furtwangen liegt sein Ursprung, gar nicht so weit weg von der Breg, die die Donau „zuweg" bringt. Die Elz hingegen verläuft Richtung Rhein, 123 Kilometer, auf denen man sie ein Stück weit mit dem Rad begleiten kann.

Es ist ein Weg voller netter Erlebnisse. „Kommen Sie doch herein", sagt eine Frau mit einer Hacke in der Hand. Kaum hat der Radler einen Blick auf den Garten des alten Pfarrhauses geworfen, steht er auch schon mittendrin. Ringelblumen gibt es hier und duftenden Salbei, Himbeeren und Johannisbeeren. Vier Frauen aus der Gemeinde pflegen ihn mit Liebe und Hingabe, seit Oberprechtal keinen eigenen Pfarrhaushalt mehr hat.

Idylle im Pfarrgarten

Ein Dorfidyll am Ufer der Elz, eine Augen- und Bienenweide; hier gibt es reichlich Nahrung. Fast senkrecht nach Norden fließt der kleine Fluss in seinem ersten Abschnitt, bis er kurz vor Elzach dann im spitzen Winkel nach Südwesten „ausbricht": So kamen die Dörfer „Oberprechtal" und „Prechtal", heute zu Elzach gehörend, einst zu ihren Namen. In **Prechtal** ❶ beginnt der eigentliche Elztalradweg, eine beschilderte Route mit einem schwarzen Et-Symbol auf grünem Grund. Man kann ihn in beide Richtungen fahren und für den Rücktransport zwischen Elzach und Freiburg die Breisgau-S-Bahn in Anspruch nehmen. Die Steigungen sind moderat, das Gefälle ebenfalls, sodass der Unterschied zwischen flussaufwärts und -abwärts nicht allzu groß ausfällt.

Wer seine Tour in Oberprechtal beginnt, der hat in **Elzach** ❷ vielleicht schon Lust auf ein Eis. Im Eiscafé Arcobaleno sitzen sie und löffeln, kühlen Hände und Schläfen am Narrenbrunnen, der gleich danebensteht. Das Elztal ab Elzach ist ein belebtes Stück Schwarzwald, auch weil hier die B294 aus Freudenstadt in Richtung Freiburg weitergeht.

Zum Glück verläuft der gut ausgebaute und durchgehend asphaltierte Radweg fast immer weit weg von ihr. In schönen Schleifen zieht er sich durchs Tal, streift kleine Weiler auf halber Höhe und kehrt dann wieder zur Elz zurück. Die ist auch kurz nach Elzach immer noch ein Flüsschen und lädt an einem kleinen Uferpark in Oberwinden zum Verweilen ein.

Gesellige Badener

Was es hier nicht alles gibt! In **Gutach-Bleibach** ❸ haben sie einen alten, gotischen Chor mit einem modernen, knallig roten Schiff zu einer neuen Kirche vereint. Vor allem der Innenraum von Sankt Georg ist eine Pracht. Als überspannte ein riesiges Zelt die Gemeinde. Doch damit nicht genug. Hinter einer Glastür wartet in einem alten Beinhaus einer der skurrilsten Bilderzyklen des Schwarzwalds auf die Besucher: Der Sensenmann geht um und zelebriert in den schillerndsten Farben seinen Totentanz.

Zum Glück ist die Kirche stets geöffnet und direkt am Elztalradweg gelegen. Verfahren kann man sich dank der guten Beschilderung kaum, und wenn es einmal doch der Fall sein sollte, ist stets ein Passant zur Stelle, der weiterweiß: „Wohin möchten Sie? Kann ich Ihnen helfen?“ Die badischen Schwarzwälder sind so freundlich und kommunikativ, dass man von ihnen immer gleich Auskunft bekommt. Ein ratloser Blick in die Karte oder auf das Schild an der Wegkreuzung genügt – und schon sind sie zur Stelle. An der Wegkreuzung in Bleibach strömt die Wilde Gutach in die Elz. Sie kommt aus dem **Simonswäldertal** ❹, das zusammen mit dem Elztal auch „Zweitälerland“ genannt wird. Die Wilde Gutach hat es in sich und verwandelt die zahme Elz auf einen Schlag in einen richtigen Fluss. Den begleitet der Elztalradweg nun von Gutach im Breisgau bis Waldkirch dicht an seinem Ufer.

Malerisches Prechtal: Ein See und ein alter Pfarrgarten laden zur Rast ein.

Waldkirch: Die Kleinstadt lockt
mit ihrem Marktplatz und ihren Läden.

Esskastanien wachsen hier und Eichen, Ahornbäume und Weiden. Sie rahmen ein Gewässer ein, das in Waldkirch schon fast 20 Meter breit ist. Ein klarer kühler Schwarzwaldfluss, in dem sich auch die Tierwelt wohlfühlt: Steinkrebse und Bachforellen gibt es hier, Barben und Döbel. Ein Fischlehrpfad an der Elz klärt darüber auf und ist Grund genug, immer mal wieder abzusteigen.

Tierisch gutes Erlebnis

Ein weiterer Grund ist **Waldkirch** ❺ selbst: Die quirlige 20 000-Einwohner-Stadt liegt im Herzen des Elztals und in der Mitte des Radwegs. Perfekt, um hier ausgiebig zu rasten und ein paar der Freizeitangebote wahrzunehmen. Hier kann man den Tieren im Schwarzwaldzoo einen Besuch abstatten, über einen Baumkronenweg spazieren oder sich auf dem Stadtrainsee im Tretboot vergnügen. Dort gibt es auch einen schönen Biergarten mit Blick auf den See und die Ruine der Kastelburg, die romantisch über Waldkirch thront.

Nach Waldkirch beginnt sich das Tal allmählich zu öffnen: Aus der Mitte des Schwarzwalds fließt die Elz allmählich in die Rheinebene. Wo eben noch majestätisch der 1241 Meter hohe Kandel die Kulisse bildete, sind es nun in immer größerer Zahl die Weinberge: In **Waldkirch-Buchholz** ❻ wachsen die Reben steil die Hügel hinauf, während das Tal von ausgedehnten Obstkulturen bedeckt wird. Im Herbst ist das eine wahre Blätterpracht und ein Gewusel von Traktoren und Weinbauern, die ihre Ernte einbringen. Da kann man sich als Radfahrer dann wieder einmal nicht sattsehen und bereits Pläne schmieden, in welchem der zahlreichen Lokale entlang der Elz die abendliche Einkehr stattfinden soll.

Abendessen am Ufer

Im Elztal und im badischen Weinland haben Gäste wirklich die Qual der Wahl: In einem der zahlreichen Gasthäuser, die Namen tragen wie „Zum Rössle", „Zum Rebstock" oder „Zum Hirschen", gibt es garantiert einen netten Platz. Ein paar der schönsten Sitzgelegenheiten findet man übrigens in Oberprechtal: Für die, die dort ihr Auto geparkt haben und in echt Schwarzwälder Umgebung übernachten wollen, genau das Richtige. In einem lauschigen Gartenrestaurant an der Elz schmecken Fisch und Schwarzwälder Schäufele gleich doppelt so gut. Man hat es sich nach einem Tag im Sattel ja auch redlich verdient.

Sehenswert

Drei Flüsse und ein Name
Ein wenig vorsichtig muss man sein, wenn man im Internet nach dem Fluss Elz sucht. Es gibt drei davon in Deutschland: die Elz in der Eifel, die Elz im Odenwald und die Elz im Südschwarzwald. Am besten immer einen Zusatzbegriff eingeben (Schwarzwald, Waldkirch, Elzach).

Hinteres Elztal
Die Welt im hinteren Elztal bei Oberprechtal ist eine andere als im dichter besiedelten mittleren Elztal zwischen Elzach und Buchholz (Waldkirch). Entlang der L 109 Richtung Triberg ist das Tal nur dünn besiedelt und Schwarzwald pur. Machen Sie einen Abstecher, egal ob zu Fuß, mit dem Rad oder mit dem Auto.

Simonswäldertal ❹
Einen Umweg wert ist das weite Simonswäldertal an der Wilden Gutach. Schauen Sie sich dort doch die Zweribachwasserfälle und die Hexenlochsägemühle an.

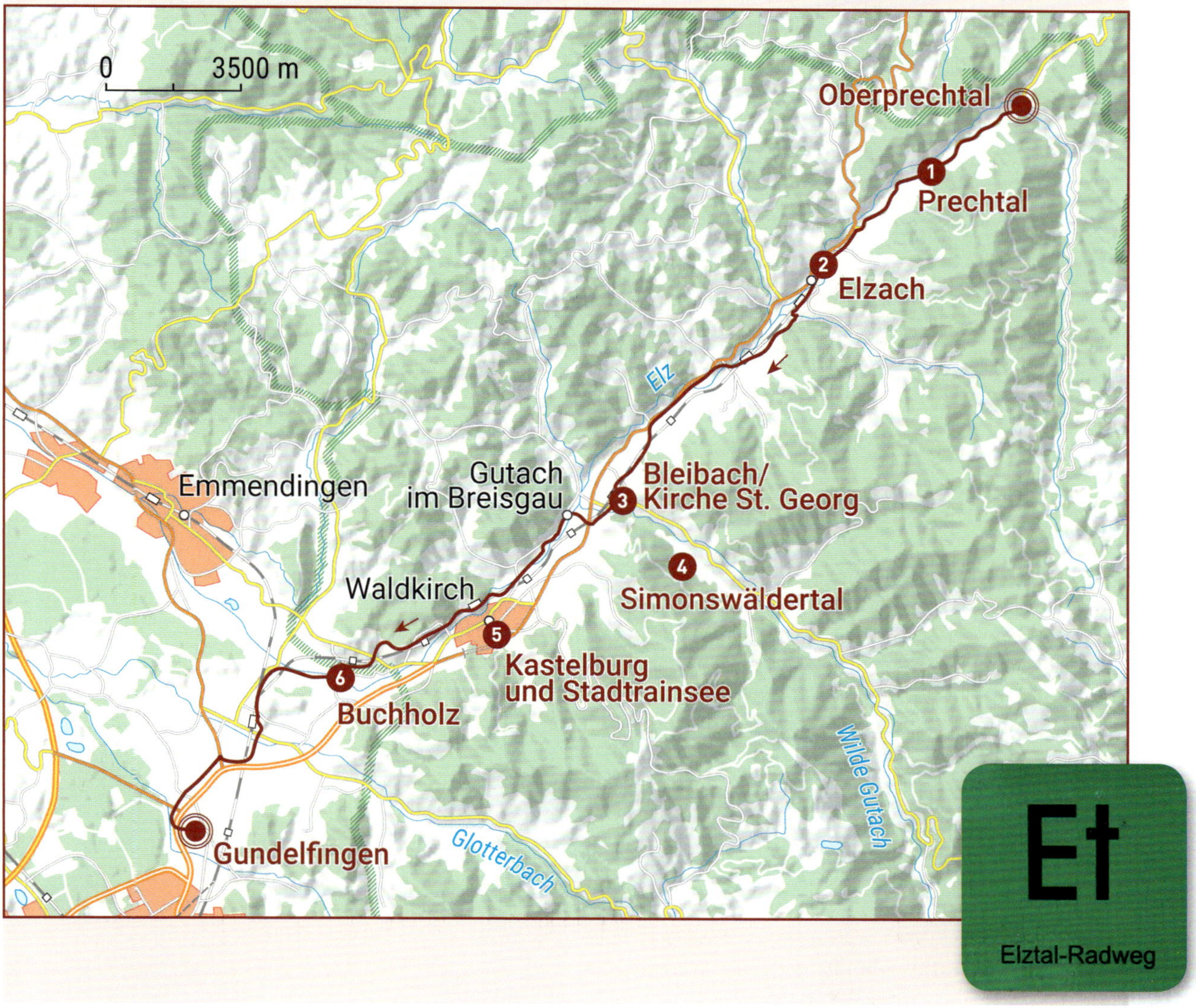
0
3500 m
Oberprechtal
1
Prechtal
2
Elzach
Elz
Emmendingen
Gutach
im Breisgau
3
Bleibach/
Kirche St. Georg
4
Simonswäldertal
Waldkirch
5
Kastelburg
und Stadtrainsee
6
Buchholz
Wilde Gutach
Gundelfingen
Glotterbach
Et
Elztal-Radweg

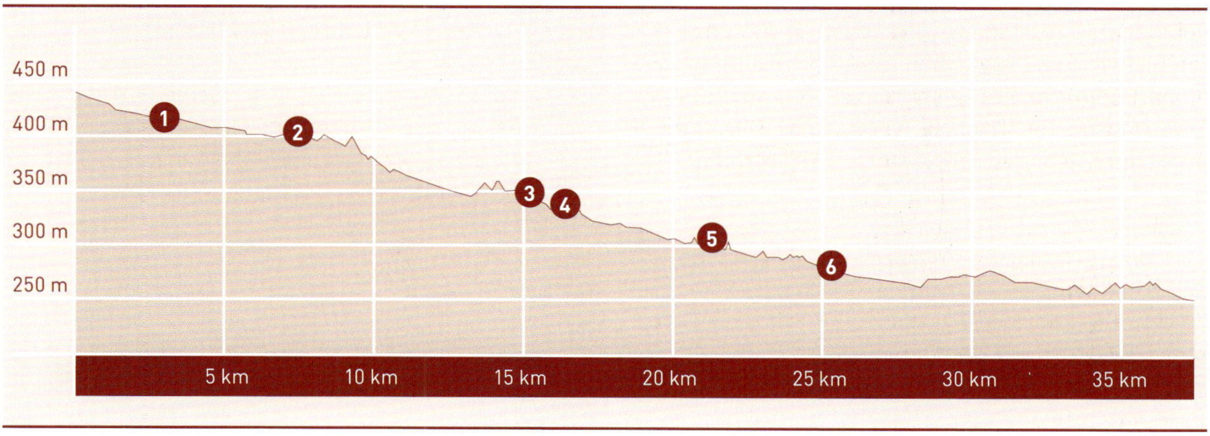
450 m
400 m
350 m
300 m
250 m
1
2
3
4
5
6
5 km
10 km
15 km
20 km
25 km
30 km
35 km

Ein Bein hüben ein Bein drüben ...

Radeln vom Bodensee bis Basel

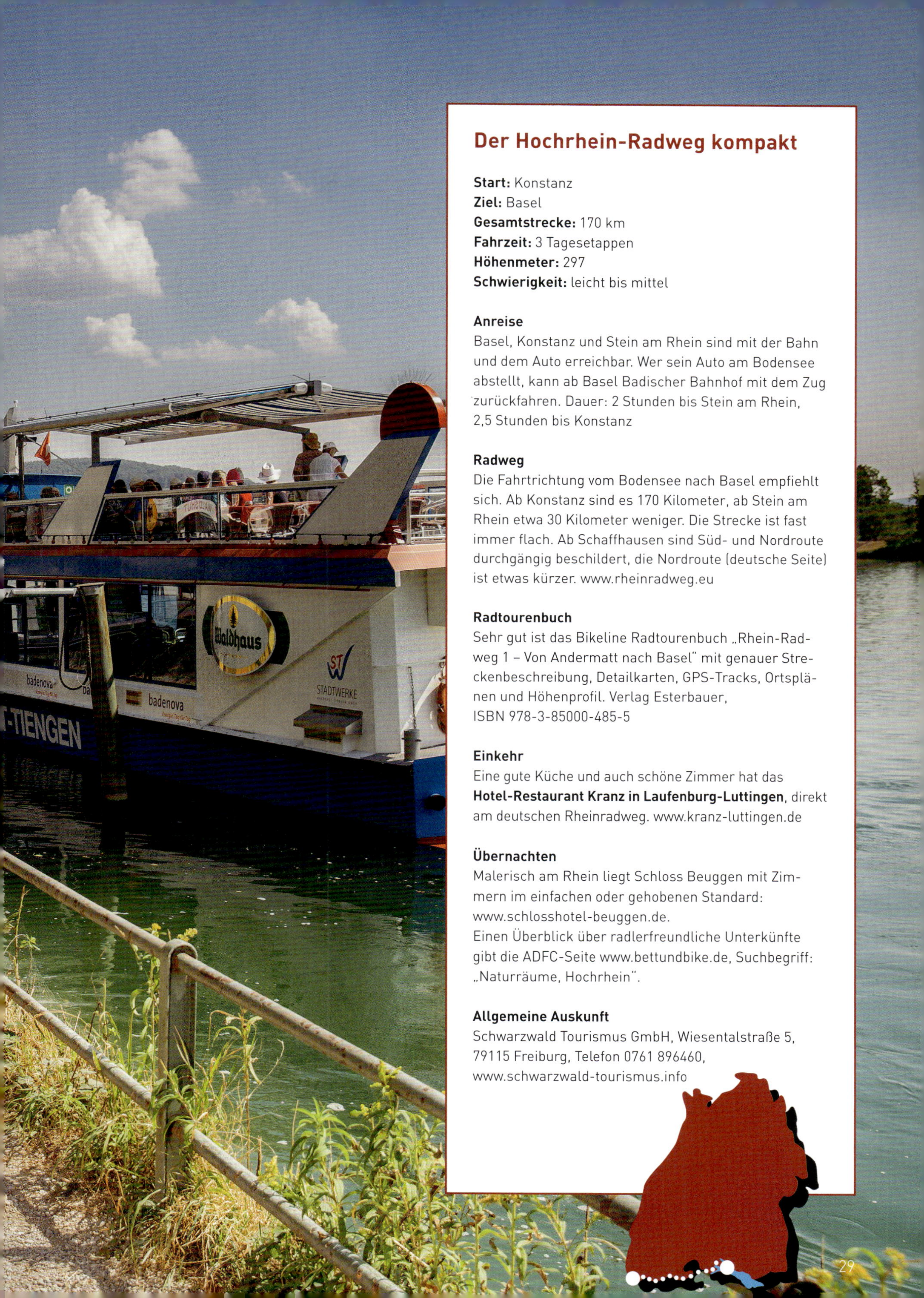

Der Hochrhein-Radweg kompakt

Start: Konstanz
Ziel: Basel
Gesamtstrecke: 170 km
Fahrzeit: 3 Tagesetappen
Höhenmeter: 297
Schwierigkeit: leicht bis mittel

Anreise
Basel, Konstanz und Stein am Rhein sind mit der Bahn und dem Auto erreichbar. Wer sein Auto am Bodensee abstellt, kann ab Basel Badischer Bahnhof mit dem Zug zurückfahren. Dauer: 2 Stunden bis Stein am Rhein, 2,5 Stunden bis Konstanz

Radweg
Die Fahrtrichtung vom Bodensee nach Basel empfiehlt sich. Ab Konstanz sind es 170 Kilometer, ab Stein am Rhein etwa 30 Kilometer weniger. Die Strecke ist fast immer flach. Ab Schaffhausen sind Süd- und Nordroute durchgängig beschildert, die Nordroute (deutsche Seite) ist etwas kürzer. www.rheinradweg.eu

Radtourenbuch
Sehr gut ist das Bikeline Radtourenbuch „Rhein-Radweg 1 – Von Andermatt nach Basel“ mit genauer Streckenbeschreibung, Detailkarten, GPS-Tracks, Ortsplänen und Höhenprofil. Verlag Esterbauer, ISBN 978-3-85000-485-5

Einkehr
Eine gute Küche und auch schöne Zimmer hat das **Hotel-Restaurant Kranz in Laufenburg-Luttingen**, direkt am deutschen Rheinradweg. www.kranz-luttingen.de

Übernachten
Malerisch am Rhein liegt Schloss Beuggen mit Zimmern im einfachen oder gehobenen Standard: www.schlosshotel-beuggen.de.
Einen Überblick über radlerfreundliche Unterkünfte gibt die ADFC-Seite www.bettundbike.de, Suchbegriff: „Naturräume, Hochrhein“.

Allgemeine Auskunft
Schwarzwald Tourismus GmbH, Wiesentalstraße 5, 79115 Freiburg, Telefon 0761 896460, www.schwarzwald-tourismus.info

Wie in alten Zeiten: Die gedeckte Holzbrücke im Schweizer Diessenhofen mit Kanufahrern.

Zwischen dem Bodensee und Basel fließt der Hochrhein. Der Grenzfluss zwischen Deutschland und der Schweiz ist vor allem in seinem ersten Abschnitt noch wildromantisch. Wie schön, dass Radfahrer die Wahl haben: lieber Nord- oder Südufer?

Unter einem rot-weißen Kirchturm spielt jemand leise Geige, die Vögel singen in den alten Uferbäumen, in einem Garten blühen rosarote Magnolien, und auf den Wiesen am Wasser leuchtet das Gras in der Morgensonne – Frühling auf der Klosterinsel Rheinau. Verträumt liegt sie in einer weiten Schleife des Rheins, der sich hier noch einmal nach Osten windet, bevor er seine weite Reise in den Westen fortsetzt. Wie ein großer Freund nimmt er das Kloster in seine Arme. Früher lebten hier Benediktinermönche, heute sind es Musikschüler, die sich zu Seminaren treffen und die Rheininsel zu einer Klanginsel machen.

Ungehobelter Bursche

Rheinau ❹ ist einer der schönsten Plätze am Hochrhein, ein Ort der Ruhe und Entspannung – ein guter Grund, warum man hier die Südroute des Rheinradwegs wählen sollte. Hinter Schaffhausen teilt sich die Strecke, der Weg geht entweder auf der Schweizer Seite südlich des Flusses entlang oder aber auf der deutschen Seite im Norden. Beide Radstrecken sind bestens beschildert und führen zum gleichen Ziel am Ende des Hochrheins: Basel. Danach heißt er Oberrhein, ist schiffbar, kanalisiert und von Industrieanlagen gesäumt. Kurz nach dem Bodensee ist der Rhein

Zwischen Wein und Rhein: Die Klosterinsel Rheinau ist einen Stopp wert.

noch ein ungehobelter Naturbursche. Wild schlagen seine Wasser um sich, stürzen Stromschnellen hinunter, bilden malerische Schleifen wie jene, die um das Kloster Rheinau herumführt. In **Stein am Rhein** ❷ verlässt der Hochrhein den Bodensee, macht sich auf eine rund 140 Kilometer lange Reise in Richtung Westen. Gezählt werden seine Flusskilometer schon ab **Konstanz** ❶, den ersten Abschnitt teilt er sich mit dem Bodensee und fließt einfach durch ihn hindurch.

Fast immer eben führt der Hochrheinradweg am Fluss entlang, mal auf Asphalt, dann wieder auf natürlichem Untergrund. Bei Büsingen ist der Grenzverlauf kurios. Die deutsche Gemeinde ist komplett umschlossen von Schweizer Gebiet, hat zwei Währungen und zwei Telefonvorwahlen. Kaum ist man aus der Schweiz hinausgeradelt, ist man auch schon wieder drin. Die Hoheitszeichen der beiden Länder wechseln alle paar Kilometer, ohne dass auch nur ein Zöllner die vergnügliche Reise unterbricht.

Um ein Haar ...

Auf dem idyllischen Weg nach Schaffhausen liegen überall alte Holzboote am Ufer, flache längliche Kähne, die hier den Namen Weidlinge tragen. Bei schönem Wetter machen sich die Anwohner auf, paddeln ihre Runden auf dem Fluss, winken vorbeifahrenden Radlern freundlich zu: „Grüezi!" „Grüezi zurück!" Am Hochrhein bei Schaffhausen liegt man damit nie falsch, weil hier ausnahmsweise beide Ufer zur Schweiz gehören.

Je weiter man aus der Stadt hinausradelt, desto lauter wird das anfangs entfernte Tosen. Der **Rheinfall** ❸! 400 000 Liter pro Sekunde stürzen hier die Felsen hinunter. Ein atemberaubender Anblick, der Jahr für Jahr Tausende von Touristen sprachlos macht. „Wenn das Wasser rauscht, schweigt der Mensch", sagt Thomas Mändli, dessen Familie hier seit Generationen Schifffahrten zum Rheinfallfelsen anbietet. Um ein Haar wäre es mit alledem aber vorbei gewesen. Tatsächlich hat es im 19. Jahrhundert Pläne gegeben, den Rheinfall zu sprengen, die Felsen aus dem Weg zu räumen und den Abschnitt durchgehend schiffbar zu machen. Das klingt unglaublich? Nur ein paar Rheinkilometer weiter ist es tatsächlich passiert. Der Rheinradweg hat inzwischen Koblenz und Kaiserstuhl passiert, beides kleine Gemeinden auf der Schweizer Seite, nicht zu verwechseln mit den großen Namensvettern am Ober- und Mittelrhein. Kurz nach Kaiserstuhl gibt es wieder einmal die Möglichkeit, die Rheinseite zu wechseln; wer auf der Nordroute unterwegs ist, verkürzt seine Reise um etwa 17 Kilometer, weil hier die eine oder andere Flussschleife auf dem direkten Weg umfahren wird.

Gesprengter Fall, geteilte Stadt

Irgendwann kommt der Ort und eben jene Geschichte, die Freunde des Rheinfalls so fassungslos macht: **Laufenburg** ❺. Die eine Hälfte dieses Ortes liegt in Deutschland, die andere in der Schweiz. „Zwei Länder, eine Stadt" lautet der Slogan der Laufenburger, die Teilnehmer von Stadtführungen sicherheitshalber auffordern, einen Ausweis mitzuführen. Im Jahr 1908, lange bevor Radfahrer und andere Touristen die Ufer säumten, kam es hier zu jener folgenschweren Flussregulierung. „Der kleine Laufen", eine spektakuläre Stromschnelle, wurde für einen Kraftwerksbau in die Luft gesprengt. Ein Wunder der Natur, rund einen Kilometer lang und

Laufenburg liegt halb in der Schweiz und halb in Deutschland. Hier gab es sogar einmal einen kleinen Rheinfall.

zwölf Meter breit, unwiederbringlich verloren. Sein Pendant, „der große Laufen“, ist heute unter dem Namen Rheinfall von Schaffhausen bekannt. Die Geschichte der Sprengung und des Kraftwerksbaus ist an einer Fotowand am Flussufer direkt neben der Fußgängerbrücke dargestellt. Ein schöner Ort ist das Städtchen trotzdem geblieben. Die bunten, steil aufragenden Gebäude säumen noch heute die Ufer und machen die Stadt zu einem lohnenden Stopp auf der Radtour.

Allmählich wird der Rhein belebter. Ausgedehnte Siedlungen und Gewerbegebiete machen sich in den Uferzonen breit. Doch dazwischen gibt es immer wieder Inseln der Natur und malerische Altstädte, die ihren historischen Kern bewahrt haben. Bad Säckingen ist so ein Beispiel, das durch seinen berühmten Trompeter in die Literaturgeschichte einging. Dort führt eine der letzten noch erhaltenen gedeckten Holzbrücken über den Fluss, mit über 200 Metern ist sie die längste in Europa. Heute dürfen hier nur noch Radfahrer und Fußgänger verkehren und dabei wieder einmal die Landesgrenze überschreiten. Auch Rheinfelden hat eine deutsche und eine Schweizer Seite. Was beide verbindet, ist der Rhein und die Liebe der Menschen dort zum Flussschwimmen. Man stürzt sich einfach in die Fluten und lässt sich eine Weile treiben. Immer wieder soll das auch Radfahrer dazu verleiten, ihren Drahtesel eine Weile stehen zu lassen und sich dem Müßig- beziehungsweise Wellengang hinzugeben.

Weidlinge heißen die langen flachen Holzkähne, die man überall am Hochrheinufer sehen kann.

Gute Nacht

Wer knapp 150 Kilometer am Hochrhein entlangfährt, muss auch übernachten. Eine der malerischsten Herbergen findet sich kurz vor Rheinfelden: **Schloss Beuggen** ❻. Das einstige Ordensschloss liegt direkt am Flussufer und an der Nord-Radroute, mit einem schönen Park und Zimmern in historischer Umgebung. Bis 2016 war es ein Tagungshaus der evangelischen Kirche, seither sind darin ein Hotel und ein Restaurant untergebracht. Es ist die letzte Station vor der Schweizer Großstadt Basel. Hier verabschiedet sich der Hochrhein, bevor er als Oberrhein im rechten Winkel nach Norden abzweigt. Danach heißt es „Bonjour“ statt „Grüezi“, denn nun grüßen die Franzosen vom anderen Flussufer. Aber das ist eine andere Geschichte.

Ein Fluss mit vielen Facetten: die Holzbrücke
von Bad Säckingen (oben), die Altstadtkulisse von Basel (unten).

Sehenswert

Rheinschwimmen
Ein Schweizer Volkssport ist das Flussschwimmen. In Basel (Kleinbasler Rheinufer) und Rheinfelden gibt es ausgewiesene Stellen, wo das erlaubt ist, in Schaffhausen sogar ein altes Kastenbad, die „Rhybadi".

Rheinschifffahrt
Eine Schiffsrundfahrt auf dem Rhein ist an vielen Stellen möglich: auf die beschauliche Art zwischen Stein am Rhein und Schaffhausen (www.bodensee-west.eu) oder in Waldshut (www.stadtwerke-wt.de), spektakulär am Rheinfall bei Schaffhausen (www.rhyfall-maendli.ch).

Schweizer Städte
Vor allem die Altstädte von Basel und Schaffhausen sollte man nicht links liegen lassen. Basel ist für Schweizer Verhältnisse eine echte Großstadt mit viel Kultur, Schaffhausen hat den Charme einer Kleinstadt mit reicher Vergangenheit und traumhafter Lage.

Weindorf Eglisau
In dem malerischen Schweizer Weinort hinter Schaffhausen (Richtung Südwesten) reichen die Weinberge bis zum Rheinufer. Es gibt dort Gartenrestaurants am Fluss, eine schöne Kirche sowie spektakuläre Brücken.

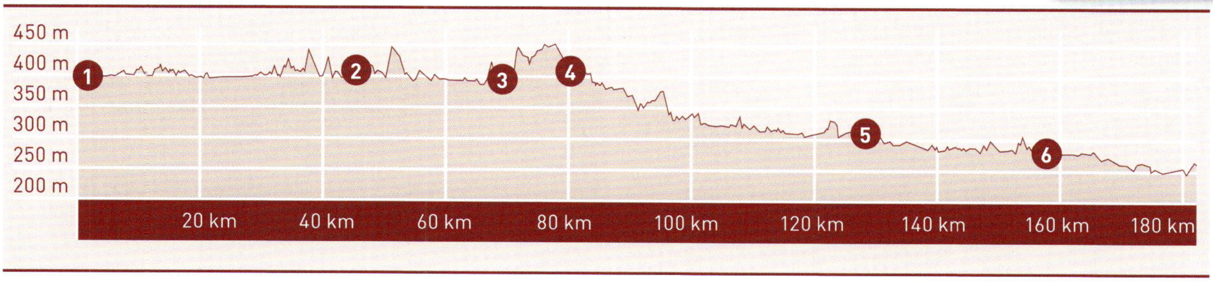

Brüderchen und Schwesterchen

Radeln entlang von Kocher und Jagst

Der Kocher-Jagst-Radweg kompakt

Start und Ziel: Bad Friedrichshall oder Aalen
Gesamtstrecke: 332 km
Fahrzeit: 5-8 Tagesetappen
Höhenmeter: 1920
Schwierigkeit: mittel

Anreise
Die Orte nahe Quelle und Mündung, Bad Friedrichshall, Aalen, Ellwangen, Schwäbisch Hall und Crailsheim sind per Zug zu erreichen. Über den Ohrntalradweg gelangt man von Öhringen zum Kocher-Jagst-Radweg.

Der Radweg
332 Kilometer lang ist die Strecke, mit vier Sternen vom Allgemeinen Deutschen Fahrrad-Club (ADFC) zertifiziert und als Rundkurs entlang beider Flüsse angelegt. Überdies gibt es 13 Querradwege, die Kocher und Jagst verbinden, am kürzesten ist mit sechs Kilometern das Stück von Sindringen (Stadt Forchtenberg) nach Jagsthausen.

Radtourenbuch
Sehr detailliert mit genauen Beschreibungen der Strecke und der Attraktionen ist das Bikeline-Radtourenbuch „Kocher-Jagst-Radweg", Verlag Esterbauer, ISBN 978-3-85000-003-1. Eine kostenlose Übersichtskarte gibt es bei der Arbeitsgemeinschaft Kocher-Jagst-Radweg.

Einkehr
Winklers Weinstube in Forchtenberg am Kocher ist urig, es gibt deftig-gute Speisen, und der Chef ist ein Original: www.winklers-weinstube.de.
Die **„Jagstmühle" in Mulfingen-Heimhausen** direkt am Fluss hat eine exzellente regionale Küche: www.jagstmuehle.de.

Übernachten
Die **„Pension" Oma Marie in Forchtenberg** gehört zu Winklers Weinstube und liegt malerisch in der Altstadt: www.oma-marie.de.
Der Gasthof zur Post in Schöntal befindet sich neben dem Kloster, wo man ebenfalls übernachten kann: www.gasthofpostschoental.wordpress.com, www.kloster-schoental.de

Allgemeine Auskunft
Arbeitsgemeinschaft Kocher-Jagst-Radweg, c/o Hohenlohe + Schwäbisch Hall Tourismus e. V.,
Münzstraße 1,
74523 Schwäbisch Hall,
Telefon: 0791 7557444,
www.kocher-jagst.de

Der Kocher in Crailsheim: Hier beginnt das Land der Hohenloher, die man nicht mit den Schwaben verwechseln sollte.

Wie zwei Geschwister fließen Kocher und Jagst nebeneinander her. Der 332 Kilometer lange Radweg, der sie begleitet, führt durch einige der schönsten Landschaften Hohenlohes. Mit Dörfern, die noch richtige Dörfer sind, und echten Fürsten, die über ihnen thronen.

Der Anfang ist gleichzeitig das Ende. Wer in **Bad Friedrichshall** ❶ seine Tour auf dem Kocher-Jagst-Radweg beginnt, sieht wie beide Flüsse kaum einen Kilometer voneinander entfernt in den Neckar münden. Es ist eine Radreise zu ihren Ursprüngen, eine Vergnügungsfahrt entlang zweier malerischer Wasserläufe, die im Jagsttal ihren Anfang nimmt. Klöster und Burgen säumen den Weg, in einer von ihnen, der Götzenburg in **Jagsthausen** ❷, finden alljährlich Festspiele im Burghof statt. Der legendäre Götz von Berlichingen, im unweit gelegenen Kloster Schöntal an der Jagst hat er seine letzte Ruhestätte gefunden, verbrachte hier einige Kindheitsjahre – seine markigen Sprüche und seine eiserne Hand sind legendär.

Es ist eine majestätische Landschaft, die viel von ihrer Ursprünglichkeit bewahrt hat. In Bächlingen zum Beispiel. Über ein kleines Stauwehr plätschert das Wasser nach unten. Schwäne treiben auf seiner Oberfläche, Libellen surren, Trauerweiden werfen ihre Schatten auf eine Insel, die frisch gemäht am

Rande des Dorfes liegt. Die Kinder lieben den Mini-Wasserfall, spielen und planschen – Flussschwimmen fast wie in alten Zeiten. Bächlingen, der 370-Einwohner-Teilort von **Langenburg** ❸, ist ein Dorf wie aus dem Bilderbuch. Ein verträumter Hohenloher Weiler, der den Wandel der Zeiten überlebt hat. Hoch über ihm Schloss Langenburg. Majestätisch bekrönt es das Tal, mit einem adligen Herrn, der sogar mit dem britischen Königshaus verwandt ist: Gestatten, Fürst Philipp zu Hohenlohe-Langenburg, den die Einheimischen noch immer ehrfürchtig „Durchlaucht" nennen. Hier gibt sich der Hochadel die Klinke in die Hand, ab und an gehört sogar Prinz Charles zu den Hausgästen.

Hohenloher Hochadel

Bächlingen ist ein wunderbarer Ort zum Rasten und Verweilen auf der Radtour entlang von Kocher und Jagst. Hier spielt die Jagst den ständigen Begleiter, mäandert gemütlich durch grüne Wiesen und an ein paar alten Bäumen vorbei, die ihre Ufer säumen. Das Jagsttal zwischen **Kirchberg an der Jagst** ❹ und Mulfingen ist landschaftlich ein Traum, fast völlig unverbaut und so still, dass man das Wasser fast immerzu rauschen hört.

Der Radweg führt mal über kleine Nebenstraßen, mal über asphaltierte Feldwege, alte Stein- oder gedeckte Holzbrücken wie im Langenburger Stadtteil Unterregenbach. Dort haben sie im Keller des Pfarrhauses eine Krypta aus dem Hochmittelalter entdeckt. Unter der Orgel der Kirche außerdem Reste einer karolingischen Saalkirche. Die Krypta steht fast immer zur Besichtigung offen; einfach das Rad abstellen und bei Hans-Jörg Wilhelm im alten Pfarrhaus klingeln. Der bietet nicht nur Führungen an, sondern versteht sich auch auf die Kunst des Hohenloher Schaumweins. In einem Hofladen verkauft er seine regionalen Spezialitäten.

Rast beim Landgockel

Wer hier unterwegs ist, muss weder verhungern noch verdursten. Wenige Kilometer weiter wartet die „Jagstmühle" auf Gäste. Vor gut zehn Jahren hat der Unternehmer Gerhard Sturm das alte Hotel-Restaurant in Mulfingen-Heimhausen gekauft und in ein kleines Juwel am Flussufer verwandelt. Sommer-Radler können ganz unkompliziert dort in den Biergarten gehen, Brunnenkressesuppe, Regio-Tapas oder eine Keule vom Hohenloher Landgockel genießen.

Im Tal der Jagst: die Sankt Anna-Kapelle bei Mulfingen (links), Bächlingen mit Langenburg im Hintergrund.

Besuchermagnet: die sommerlichen Festspiele in der Götzenburg Jagsthausen.

Heimhausen liegt ungefähr in der Mitte der Kocher-Jagst-Radtour, die in einem Rundkurs über insgesamt 332 Kilometer die beiden Nebenflüsse des Neckars verbindet. „Der" Kocher, wie es übrigens heißt, und „die" Jagst fließen wie Brüderchen und Schwesterchen nebeneinander her, mal ganz nah und dann wieder ein großes Stück voneinander weg. Am Ende kommen sie aber immer wieder zusammen und münden kaum zwei Kilometer voneinander entfernt bei **Bad Wimpfen** ❶ in den Neckar.

Quelle auf der Ostalb

Ihr Ursprung liegt auf der Ostalb, in der Nähe von Aalen beginnt ihre Reise nach Nordwesten. Die Jagst ist mit 190 Kilometern ein Stück länger als der Kocher (168 Kilometer), der etwas geradliniger unterwegs ist. In **Aalen** ❺ ist der Wendepunkt der Radstrecke, die alte Römerstadt am Limes. Hier wechselt man den Fluss und die Fahrtrichtung. Von nun an geht es durchs Kochertal, im großen Bogen zurück nach Bad Friedrichshall.

Der Kocher und die Jagst: Wie Brüderchen und Schwesterchen fließen beide nebeneinander her. Manchmal kommen sie sich ganz nah, sind nur wenige Kilometer voneinander entfernt. Wer will, kann zwischen ihnen immer mal wieder hin und her pendeln: Allein 13 Querradwege (Q1 bis 13) verbinden die Hauptroute, ein fröhliches Flüsse-Hopping für die, die Steigungen nicht scheuen.

Das allerdings verlangt Kondition oder ein E-Bike, Genussradler bleiben lieber auf der Hauptstrecke und die führt ab Aalen nun ganz gemütlich am Kocher entlang. Das Kochertal ist breiter, belebter und von Rebhängen gesäumt. In den Weinbergen über **Ingelfingen** ❻ liegt ein Fass, das so groß ist, dass darin ein Weinbaumuseum Platz hat. Man kann es vom Radweg aus problemlos erkennen.

Auf den Spuren der „Weißen Rose"

Der Weg führt einmal links und dann wieder rechts des Flusses entlang. Immer wieder heißt es aufpassen, dass man nicht den falschen Schildern nachradelt. Die Gefahr, sich wirklich zu verfahren, bleibt trotzdem sehr gering: Wer versehentlich oder absichtlich am Fluss bleibt, kann spätestens an der nächsten Brücke wieder auf die Hauptroute zurückkehren. Die Zahl der schönen Dörfer und Kleinstädte ist beachtlich. Erhaben auf einem kleinen Hügel liegt zum Beispiel die Altstadt von **Forchtenberg** ❼; ein Fachwerkensemble mit einem goldgelben Portalhaus, das einlädt, die Stadt zu entdecken, in der die NS-Widerstandskämpferin Sophie Scholl geboren wurde. Ihr Vater war dort Bürgermeister, später gehörte sie zu den führenden Vertretern der „Weißen Rose". Heute verläuft ein Hans und Sophie Scholl-Pfad durch die Stadt und erzählt vom Leben der Geschwister. Eine zweite Besonderheit von Forchtenberg ist die Weinstube Winkler. Eine Schankwirtschaft mit eigenem Wein und deftigen Speisen, dicht gedrängt sitzt man hier und vergnügt sich in fröhlicher Runde. Der Chef ist zugleich Bandleader der Gruppe Annaweech, die mit viel Witz und Charme die Hohenloher Mundart zelebriert. Zu den Konzerthöhepunkten im Sommer

Sehenswert

Sommerkino Bächlingen ❸
Jeden Sommer gibt es Open-Air-Kino auf einer Flussinsel der Jagst in Langenburg-Bächlingen. Am Wochenende hat auch der Biergarten geöffnet. Genaue Daten und Informationen unter: www.mosesmuehle.de

Schloss Langenburg ❸
Hier residiert noch ein echter Fürst mit einem Faible für alte Autos, die im Automuseum zu besichtigen sind. Infos unter: www.schloss-langenburg.de

gehört ihr Auftritt auf der Burgruine in Forchtenberg. Dazu müssen Radfahrer natürlich dort übernachten, aber das müssen sie ja ohnehin, wenn sie die komplette Strecke machen wollen.

Rund sechs bis sieben Tagesetappen schlägt die Arbeitsgemeinschaft Kocher-Jagst-Radweg dafür vor. Wer auf der Ostalb startet, bekommt dabei nicht nur den Wechsel der Landschaften mit, sondern auch der Mundarten: Wird in Aalen (Kocher) und Ellwangen (Jagst) noch richtig Schwäbisch gesprochen, klingt es ein paar Kilometer weiter in Crailsheim (Jagst) oder Schwäbisch Hall (Kocher) schon eher Fränkisch-Hohenlohisch. So bleibt es auch, bis kurz vor dem Neckar in Bad Friedrichshall abermals die Mundart wechselt und allmählich Kraichgauer und Kurpfälzer Einflüsse zur Geltung kommen.

Bad Friedrichshall ist der Anfang- und Endpunkt der Strecke. Ein wunderbarer Beginn und ein herrliches Finale, zumal hier die schöne alte Stauferstadt Bad Wimpfen ganz in der Nähe liegt. Ihre Altstadtgassen laden zum Bummeln und Verweilen ein, der weithin sichtbare „Blaue Turm“ kann auch bestiegen werden. Von oben hat man alles im Blick: das Neckartal, Bad Wimpfen, Bad Friedrichshall und irgendwo dazwischen zwei kleine Flüsse, die sich still und leise verabschieden.

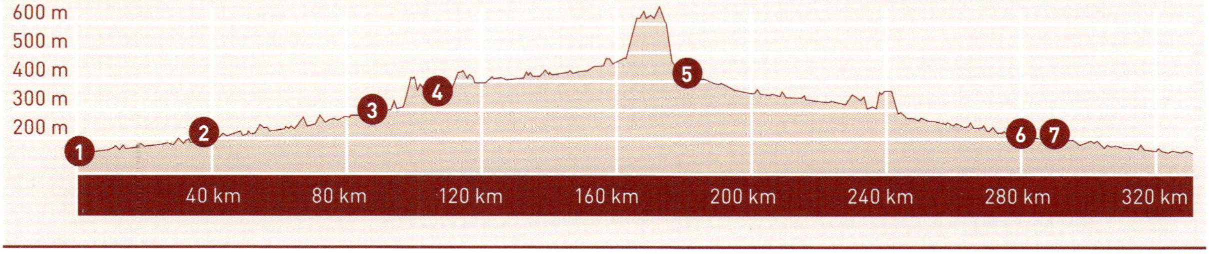

Klöster und Kleinstadtperlen

Eine Radtour durchs schöne Nagoldtal

Der Nagoldtal-Radweg kompakt

Start: Urnagold (Besenfeld)
Ziel: Pforzheim
Gesamtstrecke: 94 km
Fahrzeit: 2 Tagesetappen
Höhenmeter: 226
Schwierigkeit: leicht bis mittel

Anreise
Die beste Fahrtrichtung führt flussabwärts, von Urnagold nach Pforzheim. Der Rücktransport bis Nagold funktioniert problemlos mit der Kulturbahn. Nach Urnagold fährt an den Wochenenden von Mai bis Oktober ein Velobus ab Pforzheim. Nähere Informationen finden Sie online unter www.vpe.de und www.bahn.de.

Etappen
Man kann die Strecke natürlich auch an einem Tag radeln. Genussradfahrer zerlegen sie aber in mindestens zwei Abschnitte: von Urnagold nach Nagold oder Wildberg und von Nagold oder Wildberg nach Pforzheim. Bitte beachten: Der Weg von Urnagold bis Altensteig ist nur teilweise asphaltiert. Ein Flyer informiert über die Strecke und ihre wichtigsten Stationen, inklusive Übernachtungstipps zu Bett-und-Bike-Betrieben. Sie erhalten ihn an allen Tourist-Informationen entlang der Strecke, bei Tourismus Nördlicher Schwarzwald oder online.

Einkehren
Gasthof Café Nagoldquelle, Urnagold 2, 72297 Seewald, Telefon: 07448 214, www.gasthof-nagoldquelle.de
Naturfreundehaus Nagold, In den Mulden 1, 72202 Nagold, Telefon: 07452 4147, www.naturfreundehaus-nagold.de
Brauhaus Schönbuch, Auf dem Brühl 1, 75365 Calw, Telefon: 07051 9663280, www.brauhaus-schoenbuch.de
Café Badhaus 1897, Hirsauer Straße 15, 75378 Bad Liebenzell, Telefon: 07052 9326880, www.badhaus1897.de

Übernachten
Landhotel Pfrondorfer Mühle, Pfrondorfer Mühle 1, 72202 Nagold, Telefon: 07452 84000, www.pfrondorfer-muehle.de
Landgasthof Sonne, Sulzer Straße 3, 72218 Wildberg, Telefon: 07054 8666, www.sonne-wildberg.de

Allgemeine Auskunft
Tourismus Nördlicher Schwarzwald, Sonnenweg 5, 75378 Bad Liebenzell, Telefon: 07052 8169770, www.mein-schwarzwald.de

Schwarzer Wald und grüne Wiesen: Der erste Abschnitt des Nagoldtal-Radwegs ist Natur pur.

Der Nagoldtal-Radweg führt von den württembergischen Höhenlagen des Nordschwarzwalds zu den badischen Enzauen in Pforzheim. 93 Kilometer ist er lang, streift malerische Kleinstädte und Orte, an denen ein junger Hermann Hesse noch ganz Lausbub sein durfte.

Calw ❹. Das Nagoldufer. Welch romantische Vorstellung, dass hier einst Flöße übers Wasser trieben. In den Kindertagen des Schriftstellers Hermann Hesse, der Ende des 19. Jahrhunderts dort aufwuchs, war das Geschäft mit den großen Schwarzwaldtannen noch in vollem Gange. Er machte sich einen Spaß daraus, auf die Flöße aufzuspringen und sich mit ihnen treiben zu lassen. Wenn er erwischt wurde, gab's Ärger, mit den Flößern und mit den Eltern. Die Nikolausbrücke in Calw erinnert ein wenig an diese alten Zeiten. Eine kleine Brückenkapelle ist der Tuchmacherei und der Flößerei gewidmet. Gleich nebenan steht eine lebensgroße Bronzefigur von Hermann Hesse (1877–1962). Man kann das Fahrrad dort kurz abstellen und Arm in Arm ein Selfie mit dem Literaturnobelpreisträger machen.

Start an der Nagoldquelle

Wer mit dem Rad in Calw ankommt, der hat schon ein gutes Stück vom Nagoldtal-Radweg hinter sich gebracht. 65 der 94 Radkilometer, um es genau zu sagen. Man fährt die Strecke normalerweise in Fließrichtung, auch weil es dabei stets leicht bergab geht: Aus 800 Höhenmetern an der Nagoldquelle werden schließlich gut 250 am Ziel in Pforzheim. Der Startpunkt liegt mitten im romantischen Nordschwarzwald. Urnagold heißt der Ort, an dem der Radweg beginnt. Verborgen zwischen dunklen Tannen und Fichten kommt ein kleines Rinnsal aus der Erde, aus dem schließlich ein richtiger Fluss wird: die Nagold. Man folgt ihr durch dichten Nadelwald, über dünn besiedeltes Gelände, vorbei an schmalen Lichtungen und vereinzelten Gehöften. Die ersten 30 Kilometer führen durch Natur pur, mit teilweise geschotterten Wegen, die für empfindliche Tourenradfahrer und Familien mit Radanhängern eine Herausforderung sind. Doch das Landschaftserlebnis ist überwältigend und die Belohnung groß, wenn sich plötzlich ein See auftut: die Nagoldtalsperre. Landläufig auch **Erzgrube** ❶ genannt, ist sie die ideale Sommerfrische mit Badestelle, Wasserspielplatz und Biergarten.

An der Erzgrube hat man auch die einzige etwas stärkere Steigung der gesamten Strecke schon hinter sich gelassen und fährt nun durch ein breites, fast unbesiedeltes Flusstal in Richtung **Altensteig** ❷. Das Städtchen ist der erste größere Siedlungspunkt auf der Radstrecke und die Lage der Altstadt geradezu umwerfend; der beste Blick bietet sich von der gegenüberliegenden Flussseite zwischen Waldfried-

Kultur am Wegesrand: Die Radler passieren auch die Reste des alten Wildberger Klosters Reuthin.

Erhabene Lage: Die Altstadt von Altensteig ist eines der beliebtesten Fotomotive des Schwarzwalds.

hof und Spielberg. Erfreulicherweise wird ab Altensteig aus dem urwüchsigen Wildnisweg eine komfortable Tourenradstrecke. Alles ist nun asphaltiert und bestens präpariert, nirgendwo muss man noch auf die Verkehrsstraße ausweichen. Gemächlich fließt die Nagold weiter und wird mit jedem Flusskilometer größer. Die nächste Stadt trägt nun den Namen des Flusses selbst: Nagold. Ein idealer Haltepunkt, um zu flanieren und zu shoppen. Eine attraktive Fußgängerzone gibt es hier, Cafés und Eisdielen sowie ein großzügiges Gelände der früheren Landesgartenschau, das am Flussufer liegt.

Literarisch radeln

In Nagold wird aus dem landschaftlich schönen Talradweg eine Strecke mit künstlerischer Bedeutung, denn der Abschnitt von hier bis Pforzheim gehört zu den elf „Literarischen Radwegen“ in Baden-Württemberg, auf denen man die Spuren der Dichter und Denker im Nagoldtal erkunden kann. Die erste ist der Zeller-Mörike-Garten in Nagold (Emminger Straße 38), ein liebevoll renoviertes Kleinstadtidyll, in dem der Dichter Eduard Mörike (1804–1875) während eines Kuraufenthalts zu Gast war. Der Garten ist den Sommer über an Sonntagnachmittagen geöffnet. Von dort geht der Radweg in Richtung Wildberg weiter, zumeist fernab der Hauptstraße, die auf der anderen Flussseite entlangläuft. Das Wasser plätschert friedlich vor sich hin, große alte Bäume halten ihr schattiges Dach über das Ufer und gewähren auch den schwitzenden Radfahrern ein wenig Schutz vor der Sonne. „Sonne“ heißt auch der Gasthof in Wildberg, der direkt am Wasser Radfahrer willkommen heißt. Hier kann man übernachten, ebenso wie im Hotel Pfrondorfer Mühle.

Im Garten der Philosophen

Rund zehn Kilometer sind es von Wildberg nach Calw, wo Hesse auf besagter Brücke wartet und ein Museum auf die Spuren seines langen Lebens führt. Gerne spazierte Hermann Hesse auch nach **Hirsau** ❺, zu den romantischen Ruinen des Benediktinerklosters. Die alten Mauern sind ein Traum und ein idealer Ort zum Innehalten. Das Rad darf ein wenig ruhen und die Seele ebenfalls, bevor es dann weiter in Richtung Bad Liebenzell und dem nahegelegenen Monbachtal geht. Die kleine Kurstadt an der Nagold hat Tradition und seit Neuestem sogar einen kleinen Philosophiegarten, den Sophi-Park, durch den man sein Rad schieben kann. Vorher allerdings sollte man sich im Café Badhaus direkt am Nagoldufer ein Stück Kuchen gönnen. Was dort hausgebacken auf den Tisch kommt, schmeckt einfach umwerfend. Topfeben geht die Tour weiter in Richtung Unterreichenbach. Die letzte Steigung lag kurz vor Bad Liebenzell, danach bleibt der Nagoldtal-Radweg flach. In Unterreichenbach wechselt er nochmals die Straßenseite, um dann links der Nagold die letzten Kilometer in Richtung Pforzheim zurückzulegen.

Bonjour Hermann: Hesse-Figur auf der Calwer Nikolausbrücke (rechts). In Nagold vergnügen sich die Tretbootfahrer.

Echt goldig: Pforzheim

Es ist eine Radtour über alte Landes- und Dialektgrenzen hinweg: Während Calw noch auf württembergischem Gelände liegt, gehört Pforzheim schon zum historischen Herrschaftsgebiet der Badener. Das kann man vor allem hören: Wo am Anfang der Tour noch breites Schwäbisch geschwätzt wurde, reden die Menschen nun äußerst melodiös badisch daher.

Das passt zum wunderbaren Ausklang einer Radstrecke, die entlang des Nagoldufers zwischen Unterreichenbach und Pforzheim noch einmal ein Hochgenuss ist. Zahlreiche Uferwiesen mit Grill- und Raststellen sind dort zu finden, ein Jammer für den, der sie einfach links liegen lässt und allzu zügig an ihnen vorbeiradelt.

Das gilt ebenso für Pforzheim: Die Goldstadt ist die einzige größere Stadt entlang des Nagoldtal-Radwegs. Hier kann man einkaufen gehen, die „Schmuckwelten" besuchen und durch die Auen an der Enz schlendern, jenem Fluss, in den die Nagold schließlich mündet. Das Ende der Nagold ist demnach auch das Ende der Radtour.

Wer sich die Radstrecke in Ruhe nochmals anschauen möchte, steigt einfach in die Kulturbahn und lässt sich mit dem Rad zurück nach Calw oder Nagold bringen. Man kann dazu ja ein schönes Buch von Hermann Hesse lesen, zum Beispiel „Unterm Rad", und sich von ihm erzählen lassen, wie es damals war, als er im Nagoldtal seine Lausbubenstreiche ausheckte.

Das Jagdschloss im alten Kloster: Hirsau war eine der bedeutendsten Abteien des Mittelalters.

Sehenswert

Per Pedal zur Poesie
Der Streckenabschnitt Nagold – Pforzheim ist einer der „Literarischen Radwege" in Baden-Württemberg. Den informativen Flyer dazu, „Per Pedal zur Poesie", Blatt 10, erhalten Sie bei den Tourist-Informationen oder unter www.literaturland-bw.de.

Bergwerk Neubulach 3
Wer den Aufstieg nicht scheut, kann ein paar Kilometer abseits der Radstrecke in Neubulach (zwischen Calw und Wildberg) ein altes Silberbergwerk besichtigen.
Dienstag–Freitag 14–15 Uhr, Samstag, Sonn- und Feiertag 11–16 Uhr geöffnet.
www.bergwerk-neubulach.de

Hermann Hesse 4
Für alle an Literatur Interessierten ist der Besuch des Hermann-Hesse-Museums in Calw ein Muss. Den Schwerpunkt der Präsentation bilden Jugend und Kindheit des Dichters in der Stadt. Öffnungszeiten bis Oktober: Dienstag–Sonntag 11–17 Uhr.
www.calw.de/hermann-hesse-museum

Kloster Hirsau 5
Die Ruinen des Benediktinerklosters Hirsau sind einen Abstecher wert und auf der Radtour der ideale Ort für eine Rast. Führungen bis Ende Oktober, Samstag 14.30 Uhr und Sonn- und Feiertag 11 Uhr.
www.calw.de/Kloster-Hirsau

Schmuckwelten Pforzheim
In der Stadt der Goldschmiede kann man der Geschichte der Schmuckherstellung auf die Spur kommen und eine gläserne Manufaktur erleben. Der Besuch der Manufaktur ist gratis, das Mineralienmuseum kostet Eintritt.
www.schmuckwelten.de

Nagoldtal-Radweg

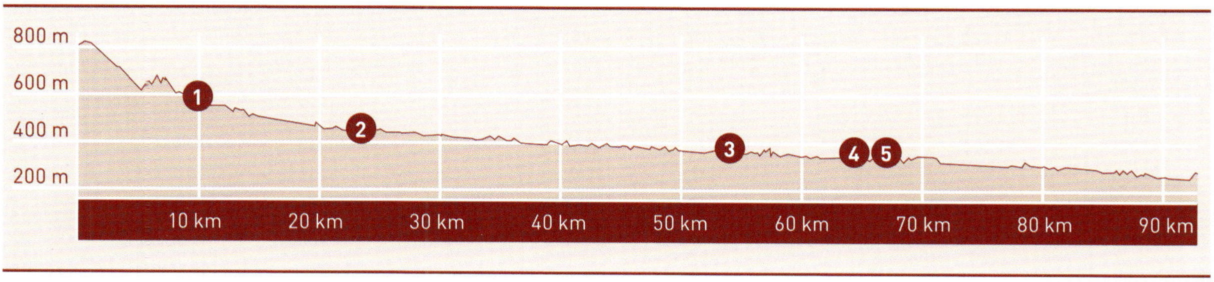

Der wilde Geselle

Von der Quelle bis zur Mündung: Unterwegs auf dem Neckartal-Radweg

Der Neckartal-Radweg kompakt

Start: Villingen
Ziel: Mannheim
Gesamtstrecke: 370 km
Fahrzeit: 8 Tagesetappen
Höhenmeter: 1070
Schwierigkeit: leicht bis mittel

Anreise
Die meisten Städte am Neckar sind gut mit der Bahn zu erreichen. Auf mehreren Etappen, wie etwa der ersten und der letzten, gibt es Zugverbindungen, die parallel zum Radweg verlaufen und auch Fahrräder transportieren: www.bahn.de

Die Radtour
Der Neckartal-Radweg ist rund 370 Kilometer lang und verliert im Verlauf 600 Höhenmeter. Etwa 1000 Höhenmeter Aufstieg sind dennoch zu bewältigen. Der Radweg ist vom ADFC mit vier Sternen ausgezeichnet, es gibt eine kostenlose Faltkarte mit Höhenprofil und Etappenbeschreibung: www.neckartalradweg-bw.de

Radtourenbuch
Detailgenaue Informationen mit ausführlichen Karten und Streckenbeschreibungen enthält der Bikeline-Führer „Neckartal-Radweg" aus dem Verlag Esterbauer, ISBN 978-3-85000-784-9.

Einkehr
Gasthausbrauerei Neckarmüller in Tübingen: Rustikales Ambiente mit deftigen Speisen und hausgebrautem Bier: www.neckarmueller.de
Italian Steak Restaurant Picasso in Bad Wimpfen: Gemütliches Lokal mit exzellenter Küche in der Altstadt: www.steakrestaurant-picasso.de

Übernachten
Kloster Bad Wimpfen: Schöne Anlage mit neuem Gästehaus direkt am Neckarufer: www.kloster-bad-wimpfen.de

Allgemeine Auskunft
Geschäftsstelle Neckartal-Radweg,
Reinsburgstraße 97, 70197 Stuttgart,
Telefon 0711 50479416,
www.neckartalradweg-bw.de

Die Neckarquelle: Ob sie im Schwenninger Moor liegt oder im Stadtpark, ist umstritten.

Knapp 400 Kilometer ist der Neckartal-Radweg lang. Er begleitet einen Fluss, der als Rinnsal im Moor beginnt und dann zu einer der größten Wasserstraßen des Landes wird. Eine spannende Reise mitten durch das Herz Baden-Württembergs.

Ja, wo entspringt er denn nun wirklich, der Neckar? Ein verwittertes Schild am Rande eines mystischen Moorsees weist auf seinen Ursprung hin. Hier im **Schwenninger Moos** ❶, in einem Biotop am Rande der Stadt, soll seine Quelle sein. Es ist ein kleines Suchspiel, bis man hierher findet. Zumal die Wege im Naturschutzgebiet für Radfahrer gesperrt sind.

Doch der Fußweg lohnt sich. Wie in einer kanadischen Wildnis sieht es hier aus, ein Stück urwüchsige Natur, das man inmitten dieses dichtbesiedelten Raumes so kaum vermutet hätte. Die Frage freilich, wo der Neckar anfängt, lässt sich auch hier nicht abschließend klären.

Der Zwist um die Quelle

Szenenwechsel! Rund 1,5 Kilometer weiter, im Schwenninger Stadtpark Möglingshöhe, plätschert Wasser aus einer Betonwand heraus. Eine lauschige Umgebung mit einem kleinen See, einer Liegewiese

Am Anfang ist der Neckar noch ein schmales Rinnsal (links).
In Rottweil dagegen schon ein richtiger Fluss.

und einer Erklärungstafel: „Das ist des Neckars Quelle", steht darauf zu lesen. Der württembergische Herzog Ludwig hat das 1581 so verfügt, mehrere seiner Kollegen haben es bestätigt. 2010, zur Landesgartenschau in Schwenningen, wurde die Quellfassung erneuert.

Man grinst ein wenig angesichts solcher Spitzfindigkeiten. Der Auftakt zur Radtour entlang des Neckars hätte langweiliger ausfallen können. So beteiligt man sich an einem Rätselraten, das nun schon seit Jahrhunderten andauert. Zuletzt wurde die Neckarquelle 1934 ins Moos zurückverlegt.

Dem Neckar selbst kann das nichts anhaben. Ihm geht es besser denn je an seinem Quellort in Schwenningen. Jahrzehntelang floss er dort unterirdisch durch die Stadt, lieblos verdolt wie viele andere Wasserläufe. Doch mit den Renaturierungsmaßnahmen ab 2002 wurde er wieder freigelegt. Ein putziges Bächlein, das den Radfahrer auf seinen ersten Kilometern begleitet.

Der Neckartal-Radweg ist der zweitlängste Radweg in Baden-Württemberg. Er beginnt in der Doppelstadt Villingen-Schwenningen, die Baden (Villingen) und Württemberg (Schwenningen) in sich vereinigt. Der ADFC hat ihn mit vier Sternen ausgezeichnet, entsprechend gut sind Beschilderung und Belag, fast sämtliche Abschnitte verfügen über eine Asphaltdecke.

So geht es von Schwenningen in Richtung Rottweil, die erste von acht Etappen. In Deißlingen beginnt das Rinnsal erstmals einem Fluss zu gleichen, in Bühlingen schießt die Eschach so viel Wasser zu, dass der Neckar diese Bezeichnung dann auch wirklich verdient.

Älteste Stadt Rottweil

Rottweil ❷ liegt auf einem Höhenzug über dem Neckartal, der Weg in die Innenstadt ist eine der wenigen Steigungen, die man überwinden muss. Man wird dafür mit einer Altstadt belohnt, die malerischer nicht sein könnte. Bunte alte Bürgerhäuser säumen die Straßen, verziert mit Wappen und Erkern. Rott-

Tübingen: Die alte Studentenstadt gehört zu den schönsten Zielen am Neckarufer. Hier kann man auch Stocherkahn fahren.

weil gilt als älteste Stadt Baden-Württembergs, schon die Kelten und Römer siedelten hier, und einige ihrer Nachfahren betreiben Eisdielen, die man sich nicht entgehen lassen sollte.

Gut 600 Höhenmeter verliert der Neckartal-Radweg auf der Strecke, es geht also tendenziell bergab. Muss man dennoch den Berg hoch, liegt das oft an den Ortschaften, die erhaben über seinem Ufer thronen: Horb zum Beispiel, dessen Oberstadt man sich ebenso wenig entgehen lassen sollte wie jene von Bad Wimpfen.

In Horb macht der Neckar einen Knick und fließt nach Nordosten weiter. Nun kann man auch das eine oder andere Boot auf seiner Oberfläche entdecken. In **Tübingen** ❸ werden daraus Stocherkähne, die Fahrt über den Neckar entlang des Hölderlinturms und der Platanenallee auf der Neckarinsel gehört zu den liebsten Freizeitbeschäftigungen der Studenten und Touristen.

Industrie und Weinberge

Eine Fachwerkstadt nach der anderen: Nürtingen, Plochingen und Esslingen. Ab Plochingen ist der Neckar schiffbar. Von nun an gehören die Staustufen zum Landschaftsbild, transportieren Lastkähne Rohstoffe und Waren übers Wasser. Kurz vor Stuttgart gleicht das Neckarufer einem einzigen Industrieareal, gesäumt von den Produktionsstätten großer Automobilfirmen.

Es ist eine eigentümliche Welt zwischen Tradition und Moderne. Vorne die Gewerbegebiete, und ein paar Kilometer weiter alte Weindörfer, die ihren urigen Charme behalten haben. Der Wein bleibt ein Begleiter, immer ausgedehnter werden die Steillagen. Selbst in der Landeshauptstadt **Stuttgart** ❹ wächst er an den Hängen.

„Wilder Geselle" der Kelten

Die mannigfaltige Nutzung hat dem Neckar nicht nur gutgetan. Schlechte Wasserqualität, begradigter Verlauf, monotone Ufer: Es stand lange Zeit nicht gut um den „wilden Gesellen", wie der Neckar, abgeleitet vom keltischen Begriff „Neccarus", übersetzt eigentlich heißt.

Doch es tut sich was, Stück für Stück werden Teile des Flusses wieder an die Natur zurückgegeben.

Die Zugwiesen in Ludwigsburg, zum Beispiel. Hier brüten heute wieder Eisvögel, können Fische über einen natürlichen Bachlauf die Schifffahrtsschleuse umgehen. Ein wunderbarer Ort für eine Rast auf dem Radweg, wer will, kann sich am Wochenende von Zugwiesen-Guides durch die Natur führen lassen.

Zwischen Burgen und Wäldern

Auch in Heilbronn hat der Neckar ein neues Gesicht bekommen. Mit der Bundesgartenschau wurde das alte Hafenareal in eine attraktive Uferlandschaft verwandelt, nun kann man dort promenieren und am Fluss den Tag ausklingen lassen. Heilbronn markiert den Übergang vom Schwäbischen ins Fränkische. Ganz am Ende wird der Neckar ein Kurpfälzer beziehungsweise ein Badener.

Es ist das Land der Burgen und der Wälder, der steilen Sandsteinfelsen und der Adelssitze, die nun links und rechts am Ufer stehen. Die Kaiserpfalz in Bad Wimpfen macht den Anfang, dann folgen die Burgen **Guttenberg** ❺, Horneck und Hornberg. Immer wieder sieht man nun Greifvögel über das Tal schwingen, die Schauvorführungen auf Burg Guttenberg gehören zu den großen Attraktionen im Neckartal.

In Eberbach macht der Neckar dann abermals einen Knick, diesmal in Richtung Westen. Er ist nun auf der Zielgerade, mit einem Finale, das majestätischer nicht sein könnte. Wie Bäume an einer Allee folgt nun eine Burg der anderen, eingebettet in die baumreichen Hänge des Odenwalds. In **Neckarsteinach** ❻ sind es gleich vier Burgen an der Zahl. Die Stadt in Südhessen ist einer der ganz wenigen Neckaranrainer, die nicht in Baden-Württemberg liegen.

Kombination von Schiff und Rad

Eine durchaus reizvolle Variante kann es sein, auf diesen letzten Kilometern Rad und Schiff zu kombinieren. In der Saison verkehrt die Neckarschifffahrt ab **Heidelberg** ❼ in regelmäßigen Abständen, viele der Ausflugsschiffe nehmen auch Fahrräder mit.

Esslingen: Seine unzerstörte Altstadt und seine steilen Weinberge sind eine Augenweide.

Schlösser, Burgen, Kaiserpfalzen: die Ruine in Heidelberg (oben), Bad Wimpfen (links), Zwingenberg (links unten).

Dann ist Heidelberg erreicht, ein Inbegriff der Romantik bis heute, mit einem Schloss, das als stolze Ruine über dem Neckartal thront.

Wer den Aufstieg nicht scheut, geht auf die andere Talseite hoch zum Philosophenweg und genießt den Traumblick auf Fluss und Altstadt. Nun ist das Ziel nicht mehr weit: Mannheim. In der alten Barockstadt erprobte einst Freiherr von Drais die Urform des Fahrrads. Es war der Anfang einer Entwicklung, deren Ende in Zeiten von Pedelec und E-Bike noch lange nicht abzusehen ist.

Mündung in den Rhein

Am Ende ist nun aber der Neckar: Im Nordwesten Mannheims fließt er in den Rhein. Der Vater aller Flussläufe nimmt den „wilden Gesellen“ in sich auf und zieht mit ihm in Richtung Nordsee weiter. Wer will, kann ihm natürlich auch dabei mit dem Rad folgen.

Sehenswert

Der Thyssenkrupp-Turm 2

Auf dem Thyssenkrupp-Elevator-Testturm in Rottweil befindet sich mit 232 Metern die höchste Besucherplattform in Deutschland. Irgendwann soll eine Hängebrücke die Altstadt von Rottweil und den Turm verbinden: www.testturm.thyssenkrupp-elevator.com

Wasserschloss Glatt

Kurz vor Horb mündet die Glatt in den Neckar. Der Abstecher zum Wasserschloss Glatt lohnt sich, das dortige Schlosscafé mit seinen Kuchen ist eine Wucht www.schloss-glatt.de, www.schlosscafeglatt.de

Blühendes Barock

In Ludwigsburg lohnt sich ein Abstecher zum Residenzschloss und seinen Prachtgärten, die auch als „Blühendes Barock" bezeichnet werden. Ein schöner Weg führt von dort auch zum Lustschloss Favorite und seinem frei zugänglichen Park mit Damwild: www.blueba.de

Kloster Neuburg 7

Wenige Kilometer vor Heidelberg, Ortsteil Ziegelhausen, steht das Kloster Neuburg. Dort gibt es einen Hofladen, ein Restaurant und eine eigene Brauerei mit Bier-Direktverkauf: www.gasthof-klostergarten.de, www.brauerei-zum-klosterhof.de, www.stift-neuburg.de

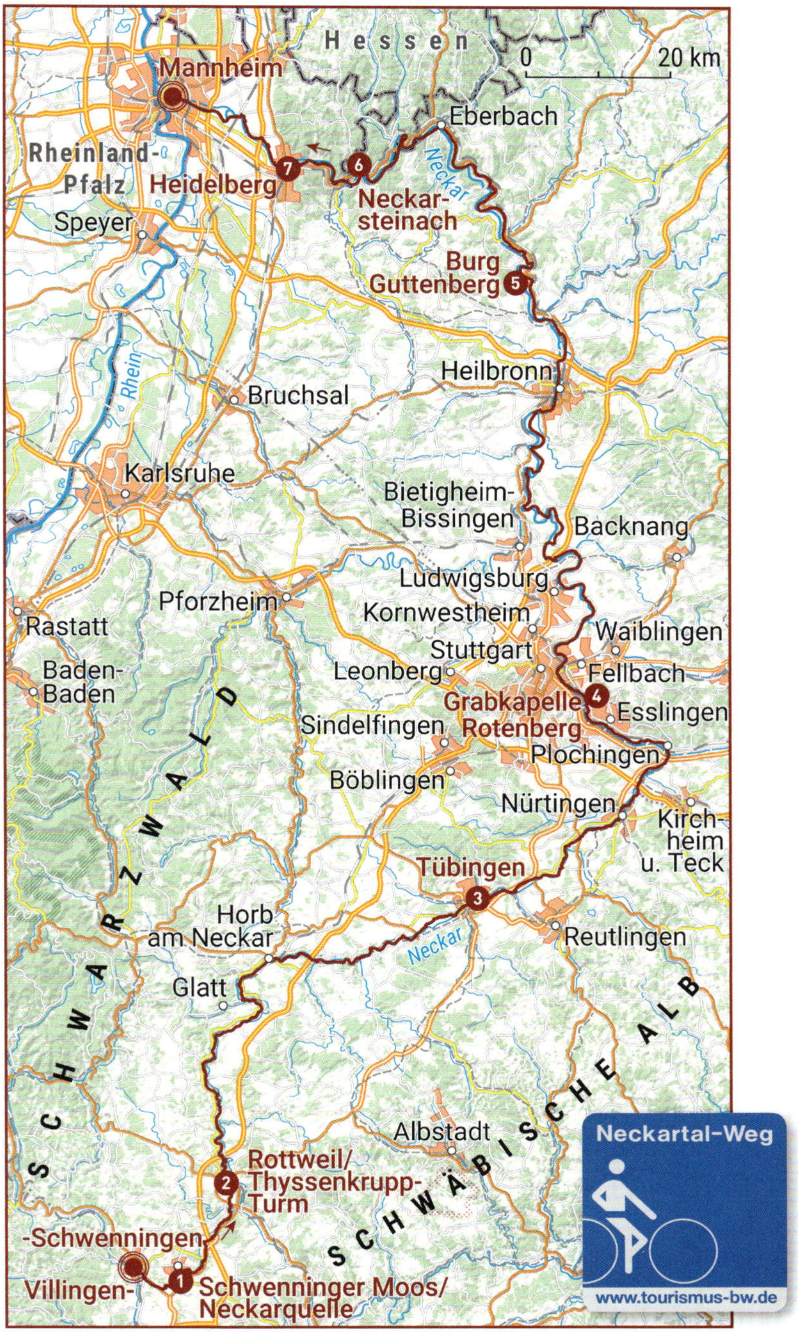

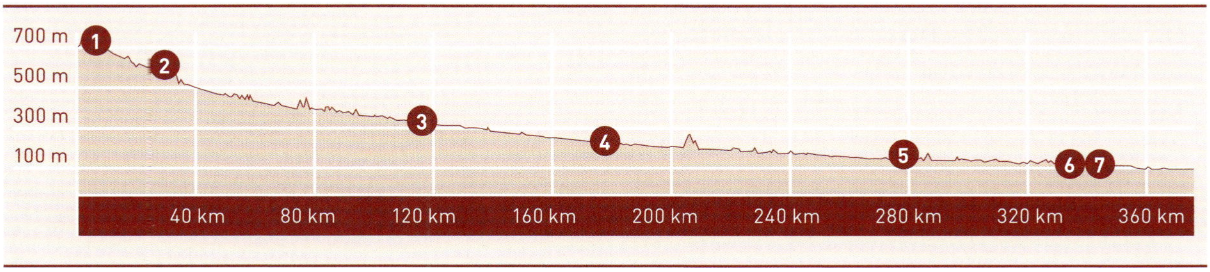

Wieder ganz natürlich

Auf dem Remstal-Radweg von Weinstadt nach Aalen

Der Remstal-Radweg kompakt

Start: Weinstadt-Endersbach
Ziel: Aalen
Gesamtstrecke: 105 km
Fahrzeit: 3–4 Tagesetappen
Höhenmeter: 628
Schwierigkeit: leicht

Anreise

Am Start in Weinstadt-Endersbach gibt es auch Parkplätze. Generell sind die Zugverbindungen entlang der Strecke hervorragend. Die Remsbahn fährt parallel zum Radweg, es gibt mehrere Züge pro Stunde und freie Fahrradmitnahme nach neun Uhr sowie ganztägig am Wochenende: www.bahn.de

Die Radtour

Kann grundsätzlich in beide Richtungen gefahren werden. Die Strecke ist fast immer gut asphaltiert, es gibt wenige, allerdings gut zu befahrende Schotterabschnitte. ADFC-Zertifizierung mit vier Sternen. Die kostenlose Broschüre „Remstal-Radweg" beschreibt den Verlauf von Weinstadt-Endersbach nach Aalen. Sie ist sehr detailliert mit Höhenprofil, Karten, Einkehr- und Übernachtungstipps. Bestellung siehe „Allgemeine Auskunft": www.remstal-radweg.de

Rundtouren

Die Broschüre beinhaltet auch sechs Rundtouren entlang der Hauptstrecke: Die Korber-Kopf-Route, die Wein-Kelter-Route, die Schurwald-Radroute, die Höhen-Route, die Staufer-Schleife und die Tour zum Ursprung der Rems in Essingen. Die ersten beiden Touren führen malerisch durch die Weinberge.

Einkehr

Kesselhaus in Schorndorf: Gasthausbrauerei im rustikalen Ambiente einer alten Bierhalle: www.kesselhaus-schorndorf.de
Lamm in Remshalden-Hebsack: Exzellente Küche, gehoben, aber dennoch bodenständig-schwäbisch. Man kann auch übernachten: www.lamm-hebsack.de

Übernachten

Muckensee in Lorch: Waldcafé, Restaurant und Hotel in malerischer Lage am Rande eines Seerosenteichs: www.muckensee.de

Allgemeine Auskunft

Remstal Tourist-Info, Bahnhofstraße 21,
71384 Weinstadt-Endersbach, Telefon 07151 272020,
www.remstal.info

Inmitten der Weinberge: die Landmarke Yburg bei Stetten.
Der Name leitet sich von „Eibenburg" ab.

Der Remstal-Radweg ist ein Kind der Gartenschau 2019. Unterwegs trifft man einen Fluss, der wieder eine Augenweide ist. Unweit von Stuttgart beginnt das steigungsarme Vergnügen.

Bodenwellen sind ja eigentlich keine gute Nachricht. Doch mit dieser ganz speziellen Form kann man sich schnell anfreunden: Sie sind nämlich nur aufgemalt, in blauen Schlangenlinien markieren sie den Asphalt des Remstal-Radwegs. Farbenfrohe Wegweiser, die zeigen, dass man hier an einem Fluss unterwegs ist, immer mal wieder gibt es dazu sogar eine großformatige Kilometerangabe.

Es geht bunt zu auf dem Radweg entlang der Rems. 106 Kilometer ist er lang, das sind gut 27 mehr, als der Fluss selbst vorzuweisen hat. Die Rems gehört nicht zu den ganz großen Fließgewässern im Lande, entspringt in Essingen auf der Ostalb und mündet in Remseck in den Neckar. Schiffbar ist sie an keiner Stelle, nur Mühlen gab es einst hier sowie Flößerei in bescheidenem Umfang.

Mitten durch die Weinberge

Dafür hat die Rems ein breites fruchtbares Tal geschaffen, an dessen Hängen Wein wächst. Das Remstal ist eine der wichtigsten Weinbaugegenden in Württemberg, Riesling- und Trollingertrauben reifen hier und geben der Landschaft ihr unverwechselbares Gesicht. Als man während der Kommunalreform 1975 die fünf Orte Beutelsbach, Endersbach, Großheppach, Schnait und Strümpfelbach zu einer Gesamtgemeinde zusammenfasste, nannte man sie: Weinstadt.

In **Weinstadt-Endersbach** ❶ beginnt der Remstal-Radweg. Bevor man dem Fluss dabei folgen darf, geht es in einer ausführlichen Schleife erst einmal durch die Weinberge. Eine kleine Landschaftsreise entlang der Reben, vorbei an der markanten Yburg in

Stetten weiter in Richtung Fellbach. Auch da regiert der Wein, kann man in der Neuen Kelter einheimische Sorten probieren oder bei einem Abstecher auf dem Fellbacher Weinweg die Aussicht über Stuttgart und das Remstal genießen.

Bevor der Remstal-Radweg die Rems trifft, folgt er dem Neckar. Er passiert im Weidachtal eine alte Kläranlage, die heute das **Kunstprojekt Natur-Kunst-Räume** ❷ ist. Kurz vor Remseck wechselt er die Flussseite, mit Hilfe einer glasgedeckten Holzbrücke, die längst zu einem architektonischen Wahrzeichen geworden ist

Keine Tour für Eilige

Remseck heißt Remseck, weil hier die Rems im rechten Winkel in den Neckar mündet. Man folgt ihr von nun also entgegen der Fließrichtung, zumindest wenn man sich an das neue Tourenbuch hält. Das ist kein größeres Problem, weil die Rems auf ihrer Reise nur 300 Höhenmeter verliert und die Topografie zumeist flach ist.

Ohnehin ist dies keine Radtour für Eilige: Die 105 Kilometer sind in vier Etappen zerlegt, für die man sich ruhig ein wenig Zeit nehmen darf. Der Fluss ist wieder ein Genuss, seit die Gartenschau 2019 aus ihm ein naturnahes Gewässer gemacht hat. Es war eine ganz besondere Gartenschau, die nicht nur an einem Ort stattfand, sondern ein ganzes Tal umfasste: das Remstal eben, 16 seiner Gemeinden nahmen daran teil.

Vier Sterne vom ADFC

Eine ihrer Produkte war ein neugestalteter, vom Allgemeinen Deutschen Fahrrad-Club (ADFC) mit vier

Renaturierte Rems: Mit der Gartenschau wurde aus dem Kanal wieder ein natürliches Fließgewässer.

Sternen zertifizierter Radweg. Er ist bestens beschildert, mit Wegweisern auf Augenhöhe und zuweilen eben auch auf dem Boden. Manchmal sind statt der blauen Welle auch grüne und blaue Fische aufgemalt.

Das Schönste aber ist jener Fluss, der bis 2018 in weiten Teilen ein kanalisierter Langweiler war. Doch mit der großflächigen Gartenschau begann seiner Renaturierung: Die Ufer wurden abgeflacht, kleine Flussinseln geschaffen und Totholzelemente integriert. Seither ist die Rems nicht wiederzuerkennen, mäandert in Schleifen über Natursteine, die ihre Fließgeschwindigkeit mindern.

Wildbienen und Libellen

Kurz nach **Plüderhausen** ❹ kommt einer jener besonders malerischen Abschnitte. Gelbe und rote Blumen blühen am Ufer, Bäume stehen an der Böschung, Wildbienen und Libellen schwirren umher. Sogar der Eisvogel wird in manchen Gegenden wieder gesichtet, Feuersalamander und Graureiher fühlen sich hier wohl.

Plüderhausen liegt auf der dritten Etappe des Remstal-Radwegs. Sie hat in **Schorndorf** ❸ begonnen, einer Kleinstadt mit rund 40 000 Einwohnern und einer malerischen Fachwerkkulisse. Ein mutiger Fabrikbesitzer rettete sie am Ende des Zweiten Weltkriegs, in dem er den Militärs einen aberwitzigen Verteidigungsplan ausredete.

So ist hier im Zentrum alles original erhalten. Oleander-Büsche säumen im Sommer die Straßen, große Palmenkübel, die der Stadt ein fast südländisches Ambiente geben. Zum Glück gibt es für Radfahrer viele Brunnen sowie außerhalb immer wieder Rastplätze, an denen man die Füße ins Wasser hängen kann.

Die Innenstadt von Lorch mit dem neuen Labyrinth vor der Stadtkirche (links) und einem Brunnen in der Fußgängerzone.

Bekanntes Ausflugsziel: das alte Benediktinerkloster Lorch hoch über dem Remstal.

Die Gartenschau hat ganz erstaunliche Dinge bewirkt, Gelder frei gemacht für Projekte, die weit über sie hinausweisen. So ist in Lorch auch der alte Kirchgarten zu neuem Leben erwacht. Man nähert sich der Stadt auf einem Waldweg hoch über dem Fluss, eine der ganz wenigen echten Steigungen, die es hier gibt.

Labyrinth in Lorch

Die meisten kennen **Lorch** ❺ wegen seines Benediktinerklosters knapp zwei Kilometer über dem Zentrum. Jahrhundertelang war dort die Grablege der Staufer, doch tatsächlich ist die Stadtkirche unten im Ort viel älter. Man sollte sie sich nicht entgehen lassen, zumal der Park um sie herum zum Verweilen einlädt. Siesta unter hohen alten Bäumen und neben alten Grabsteinen. Als neues Element wurde ein Labyrinth geschaffen, auf dem man sich in kleinen Schritten dem Zentrum des Lebens und des Glaubens nähern kann.

Vom Zentrum Schwäbisch Gmünds ist man in Lorch dann auch nicht mehr allzu weit weg. Schwäbisch Gmünd ist die größte Stadt im Remstal und hat bereits 2014 von einer eigenen großen Landesgartenschau profitiert. Damals ist der Verkehr in einem Tunnel verschwunden und die Rems wieder aus der Versenkung aufgetaucht.

Schmuckstück Schwäbisch Gmünd

Zusammen mit dem Josefsbach und dem komplett restaurierten Rokokoschlösschen ist der Fluss heute wieder eines der Schmuckstücke der Stadt, für die Schmuck ohnehin schon immer eine große Bedeutung hatte. So heißt der etwas schief geratene und anfangs hochumstrittene Kubus am Flussufer nicht ohne Grund „Gold-Silber-Forum“, schon seit dem 17. Jahrhundert ist Schwäbisch Gmünd ein Zentrum der Schmuckindustrie.

Sehenswert

Das Kloster Lorch ❺
Das Benediktinerkloster war die Grablege der Staufer. Beeindruckend auch das Panorama-Rundbild des Malers Hans Kloss, das Motive aus der Stauferzeit zeigt. Nebenan sind eine Falknerei und ein römischer Wachturm: www.kloster-lorch.com

Remstalkino
Kein Lichtspieltheater, sondern ein bestuhlter Aussichtspunkt hoch über Weinstadt-Beutelsbach und Weinstadt-Schnait, der anlässlich der Gartenschau geschaffen wurde. Es gibt dort auch einen Parkplatz: www.tourismus-bw.de/attraktionen/remstalkino

Wetzgau und Weleda
Es lohnt sich, in Schwäbisch Gmünd einen Ausflug auf die Höhe zu machen (Landschaftspark Wetzgau): Dort gibt es einen Aussichtsturm, einen Kletterwald und das Erlebniszentrum des Naturkosmetikherstellers Weleda, für das man Führungen buchen kann: www.weleda.de, www.skypark.de

Limesmuseum Aaalen ❼
Bedeutendes Römer-Museum auf dem Gelände eines ehemaligen Reiter-Kastells am Limes. Die Dauerausstellung wurde 2019 komplett überarbeitet. In Aalen gibt es auch die Limes-Thermen: www.limesmuseum.de, www.limes-thermen.de

Schmuck und schräg: das Gold-Silber-Forum in Schwäbisch Gmünd am Ufer der Rems.

Sein Marktplatz gleicht im Sommer einem einzigen Straßencafé. Zwischen Prachtbauten aus Barock und des Mittelalter sitzt man hier unter Sonnenschirmen und kann Eis essen. Eine ausgedehnte Fußgängerzone lädt auch zum Shoppen ein, und der Bahnhof dazu, abschnittsweise einmal auf den Zug umzusteigen.

Beste Bahnverbindungen

Zu den wirklich komfortablen Vorteilen des Remstal-Radwegs gehört nämlich auch, dass ihn auf seiner gesamten Strecke eine Bahn begleitet. Die Taktfrequenz ist dicht, manchmal sind es mehrere Verbindungen in der Stunde. Das macht den Rücktransport einfach, zumal die Fahrradmitnahme auf der Remsbahn nach neun Uhr morgens und am Wochenende kostenlos ist.

Die letzte Etappe des Remstal-Radwegs ist jene von Schwäbisch Gmünd nach Aalen. In Aalen hat man die Rems dann endgültig verloren, seine **Quelle** ❻ liegt ein paar Kilometer vorher in einem Waldstück in Essingen. Ein guter Abschluss ist Aalen dennoch, auch weil hier mit dem **Limes-Museum** ❼ eines der bedeutendsten Römer-Museen Deutschlands zu finden ist, der Grenzwall Limes verlief einst mitten durch die Ostalb. Die Römer waren Multi-Talente, in vielerlei Hinsicht ihrer Zeit weit voraus. Fahrradfahren gehörte allerdings noch nicht zu ihren Disziplinen, auch wenn das für die Kontrollwege am Limes ja eigentlich ganz praktisch gewesen wäre.

Geht in die Zeit der Staufer zurück: die Johanniskirche von Schwäbisch Gmünd.

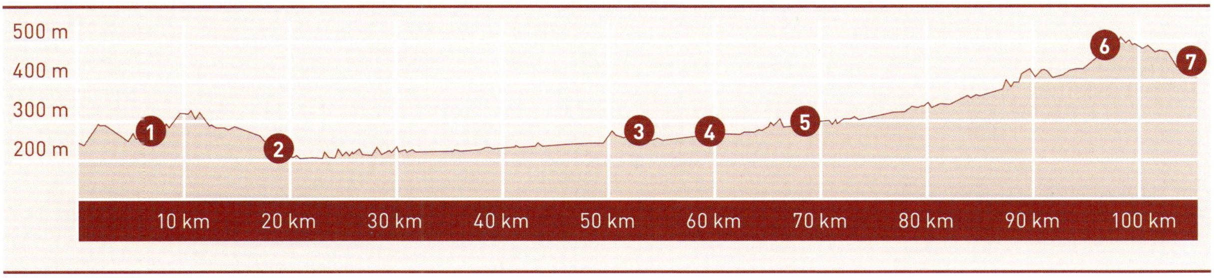

Genuss am Fluss

Eine Radtour durchs Liebliche Taubertal

Der Taubertal-Radweg kompakt

Start: Rothenburg ob der Tauber
Ziel: Wertheim am Main
Gesamtstrecke: 104 km
Fahrzeit: 3 Tagesetappen
Höhenmeter: 142
Schwierigkeit: leicht

Anreise
Mit der Bahn bis Rothenburg oder Wertheim am Main. Tipp: Wer mit dem Auto kommt, kann in Wertheim parken und nach Schrozberg direkt mit dem Zug fahren. Von dort bergab mit dem Fahrrad nach Rothenburg zum Startpunkt: www.bahn.de

Die Radtour
Am besten flussabwärts von Rothenburg ob der Tauber nach Wertheim. In aller Regel macht man drei Etappen: Rothenburg – Weikersheim, Weikersheim – Tauberbischofsheim, Tauberbischofsheim – Wertheim. Es gibt Pauschalen für drei bis fünf Tage, auch mit Gepäcktransport.

Radreiseführer/Karten
Ein kostenloses Faltblatt „Radweg Liebliches Taubertal – Der Klassiker und der Sportive" beim Tourismusverband Liebliches Taubertal.

Einkehr
Landhaus zum Falken, Haus Nummer 41, 91587 Adelshofen-Tauberzell, Telefon: 09865 941940, www.landhaus-zum-falken.de
Gasthaus Holdermühle, 97993 Creglingen-Archshofen , Telefon: 07933 912317, www.gasthaus-holdermuehle.de
Gasthaus Zum Goldenen Adler, Mühlenstraße 8, 97877 Wertheim, Telefon: 09342 1337, www.goldener-adler-wertheim.de

Allgemeine Auskunft
Tourismusverband „Liebliches Taubertal", Gartenstraße 1, 97941 Tauberbischofsheim, Telefon: 09341 825806, www.liebliches-taubertal.de

Karikaturen aus dem Barock: Die Gnomengalerie von Schloss Weikersheim nimmt den Hofstaat auf die Schippe.

Malerisch schlängelt sich die Tauber von Rothenburg nach Wertheim. Ein 100 Kilometer langer Radweg begleitet sie auf ihrer idyllischen Reise durchs Tal.

In **Gamburg** ❹ will man nicht mehr weiter. Sich einfach ins Gras legen und die Füße von sich strecken, den Blick auf die Burg richten, die majestätisch über dem alten Weiler thront. Und die Gänse und Enten beobachten, die auf der Tauber schwimmen, ein schnatterndes Pärchen brütet direkt unter dem Brückenheiligen. Am Flussufer steht ein Angler und hält die Rute ins Wasser. „Na, was beißt denn hier so an?" „Bis jetzt gar nichts", antwortet er lächelnd und sagt dann doch, dass es Forellen und Rotaugen gibt. Es gibt auch einen grünen Kahn, mit dem man sich auf dem Wasser treiben lassen kann. Die Tauber ist hier aufgestaut und lädt Radfahrer förmlich dazu ein, die heißen Beine ins kühle Nass zu hängen. Eine Dorfidylle wie in alten Zeiten, der ideale Ort zum Verweilen, rund 15 Kilometer vor dem Ziel der Radtour in Wertheim am Main.

Wieder fünf Sterne

Der Taubertalradweg ist einer der ältesten Radwege in Baden-Württemberg. Und einer der abwechslungsreichsten obendrein: Erst kürzlich bekam „Der Klassiker", wie er auch heißt, vom Allgemeinen Deutschen Fahrrad-Club (ADFC) wieder fünf Sterne verliehen – die höchste Auszeichnung. Die Beschilde-

Romantischer Anfang: die Mühlen (oben) und das Topplerschlösschen bei Rothenburg ob der Tauber.

rung ist lückenlos, der Weg fast durchgehend bestens asphaltiert und die Strecke zumeist weit weg von der Verkehrsstraße. 100 Kilometer, die einen Fluss begleiten, der am Anfang nur ein Flüsslein ist.

Die Tour beginnt in der bekannten Mittelalterstadt Rothenburg ob der Tauber. Hunderte von Touristen aus den USA und Japan kommen hier täglich an. Am Spitaltor verlässt man sie, radelt eine Serpentine hinunter ins Tal. Hier beginnt eine andere Welt, in der die Menschenmassen plötzlich verschwunden sind. Eine alte Doppelbogenbrücke führt über die Tauber, über die Herrenmühle hinweg zum romantischen Topplerschlösschen, das inmitten eines Bauerngartens liegt. Vögel zwitschern, Bienen summen, das Wasser plätschert unter Weidenbäumen hindurch und treibt auf der anderen Seite ein altes Mühlrad an.

Abstecher zur Herrgottskirche

Wer für diesen Radweg keine Zeit mitbringt, ist selbst schuld. Die Strecke ist eigentlich nicht lang, doch es vergeht kaum ein Kilometer, ohne dass man absteigen und ein wenig verweilen möchte. In Adelshofen-Tauberzell etwa, wo ausgedehnte Weinberge und Weinschenken das Bild bestimmen. Das Klima ist mild, die Sommer sind trocken, und nur sehr selten

Über Grenzen unterwegs: das Rathaus im bayerischen Röttingen (oben), das württembergische Schloss Weikersheim.

muss ein Radtag wegen Regen ausfallen. Am besten man nimmt sich mindestens drei, noch besser aber fünf Tage Zeit für die Tour. Dann bleibt auch genügend Spielraum für die vielen kleinen Abstecher, die sich lohnen. In Creglingen etwa, wo zwei Kilometer abseits der Hauptroute in der **Herrgottskirche** ❷ einer der berühmtesten Tilman-Riemenschneider-Altäre der Region besichtigt werden kann.

Creglingen liegt schon in Württemberg. Sechs Kilometer vor dem Ortseingang hat man die Landesgrenze überschritten, an einer der kuriosesten Stellen, die Bayern und Baden-Württemberg zu bieten haben. Denn das **Gasthaus Holdermühle** ❶, ein beliebter Stopp auf dem Radweg durchs Taubertal, steht direkt auf der Grenze. Als es noch ein Bauernhof war, hatte man das Haupthaus auf württembergischen, den Kuhstall aber auf bayerischen Boden gestellt. Seit dem Umbau verläuft die Grenze mitten durch den Gastraum: Wer im Bayerischen sitzt, bekommt sein Bier im Württembergischen gezapft, mit allerlei Sprüchen und Kommentaren vom knorrigen Wirt, der sich einen Spaß daraus macht.

Die Radtour durchs Taubertal ist eine einzige Grenzerfahrung. Von Bayern geht es nach Württemberg und von Württemberg wieder nach Bayern. Schließlich landet man in Baden, begleitet von der Württembergischen, Badischen und Fränkischen Weinstraße, die sich hier in malerischen Schleifen durch die Weinberge windet.

Weinberge und Biergärten

Zwischendurch ein Schlückchen „Tauberschwarz" gefällig? Die alte rote Rebsorte trägt sogar den Namen des Flusses, der ansonsten aber auch von zahlreichen Biergärten gesäumt wird. Sie leben in der Saison von Radfahrern, die sich am Fluss von den sporadischen Steigungen erholen, die es zwischendurch immer wieder einmal gibt. Mit jedem Kilometer wird der Fluss ein wenig breiter. In Tauberbischofsheim hat er sogar ein neues Bett bekommen, doch an den meisten Stellen ist er naturnah geblieben. Tauberbischofsheim ist die Kreisstadt im Taubertal, doch wie alles, was sich dort findet, von überschaubarer Größe. Selbst die bekannte Kurstadt Bad Mergentheim bringt es nur auf 23 000 Einwohner, die stolz auf ihre große Vergangenheit und die alte Deutschordensburg sind.

„Hereinspaziert!" Ab und an führt die Hofdame durch Schloss Weikersheim. Der barocke Park ist ein Paradies für Erholungssuchende, ein kleines Gartenreich aus Springbrunnen und Fontänen, reifen Zitrusfrüchten und alten Obstkulturen. Rad und Radler dürfen hier Pause machen und sind selbst in der großen Stadtkirche von Weikersheim ausdrücklich willkommen, die zu den vielen offenen „Radwegekirchen" im Taubertal gehört.

Der Radweg ist so abwechslungsreich wie das Taubertal selbst. Er läuft manchmal ein wenig auf der Höhe und dann wieder ganz dicht am Fluss entlang, durchquert Dörfer und führt dann wieder in einem weiten Bogen um sie herum. Alle paar Kilometer wechselt man die Flussseite und lernt so einige der bezaubernden Sandsteinbrücken kennen, die dort fast so zahlreich sind wie die Trauerweiden am Ufer.

Trauerweiden und Sandsteinbrücken

Eine der schönsten Brücken findet sich in Gerlachsheim, ein Ortsteil von Lauda-Königshofen. Die künstlerisch vielleicht bedeutungsvollste aber in **Tauberrettersheim** ❸, die von keinem Geringeren als dem berühmten Barockbaumeister Balthasar Neumann aus Würzburg entworfen wurde. Für ihre Tauber war ihnen nur das Beste gut genug, und zum Glück kam keiner der späteren Bauherren auf die Idee, sie wieder abzureißen.

Ganz schön ähnlich: die Zwillingshäuser am Marktplatz von Bad Mergentheim.

Grandioses Finale: In Wertheim fließt die kleine Tauber (rechts) in den großen Main.

Sehenswert

Der Nachtwächter von Rothenburg
Nachtwächterführungen gibt es viele. Doch kaum eine ist so vergnüglich wie die in Rothenburg ob der Tauber. Täglich um 21.30 Uhr bittet Hans Georg Baumgartner zum Rundgang mit ein wenig Geschichte und viel köstlichem Humor.
www.nightwatchman.de

Die Zwergengalerie
Zu den Besonderheiten im Schlossgarten von Weikersheim gehört die Zwergengalerie. Die gnomenhaften Sandsteinfiguren auf der Parkbalustrade sind barocke Karikaturen, mit denen das höfische Leben auf den Arm genommen wird. Absolut sehens- und beachtenswert.
www.schloss-weikersheim.de

Die Gamburg 4
Hier wohnen noch echte Adlige: Goswin und Hans-Georg von Mallinckrodt. Immer wieder führen sie Gäste auch persönlich durch die Burg. Auf der Gamburg bei Werbach kann man in malerischer Umgebung auch heiraten und Feste feiern.
https://burg-gamburg.de

Finale! Auch die letzten 20 Kilometer der Tour sind ein landschaftlicher Traum. Vorbei an dem einstigen **Zisterzienserkloster Bronnbach** ❺ führt die Tauber durch ein steiler werdendes Tal nach Wertheim hinein. Überall ragt hier der rote Buntsandstein aus den Wänden und manch altes Gemäuer wie die Gamburg in den Himmel. In Wertheim fließt die Tauber schließlich in den Main. Fast still und heimlich schummelt sich das kleine Gewässer in die große Bundeswasserstraße. Am Fuße einer alten Burgruine in einer geschichtsträchtigen Stadt geht die Reise zu Ende. Der Abschied fällt schwer von dem malerischen Fluss, der einem nach den vielen Kilometern doch irgendwie ans Radlerherz gewachsen ist.

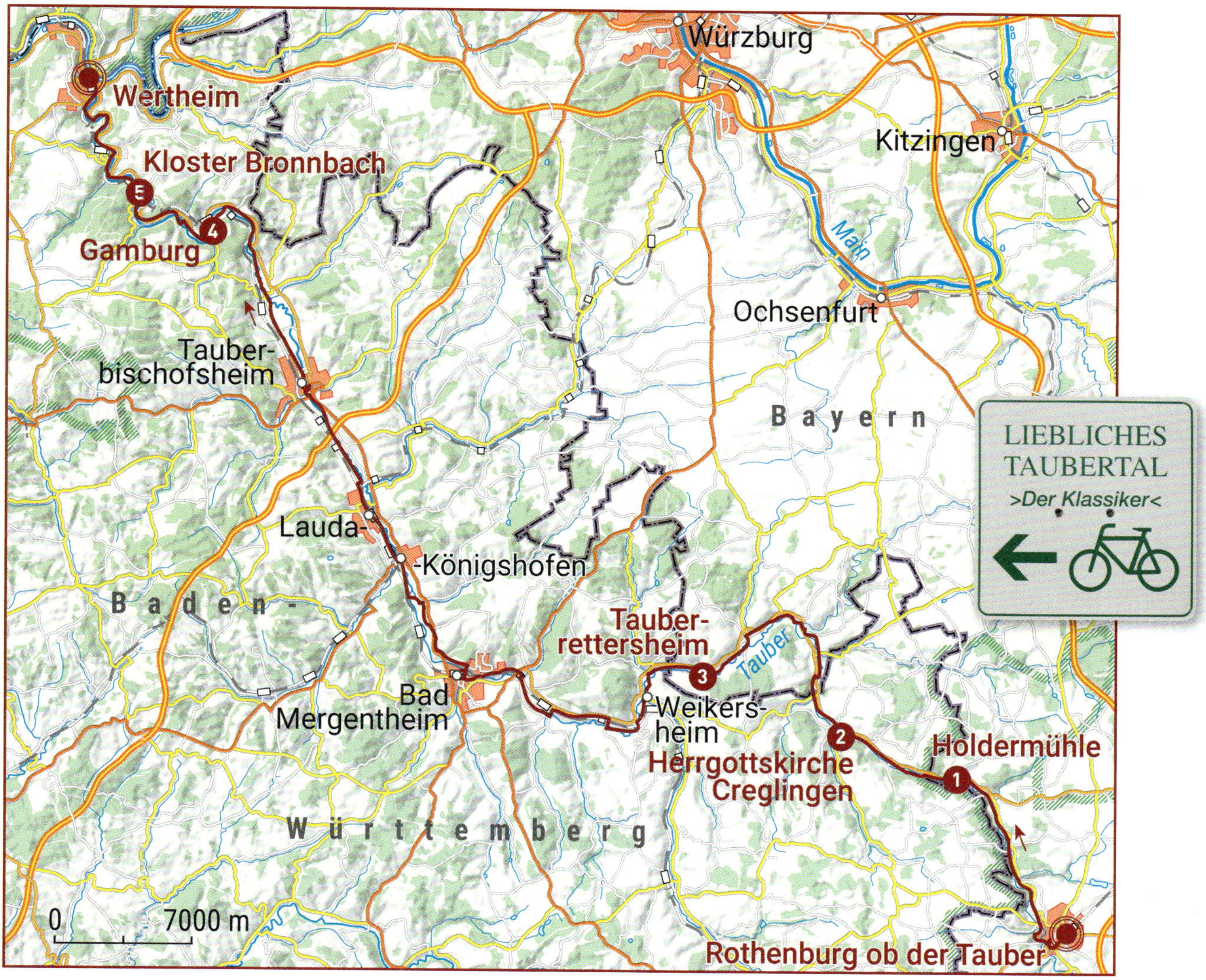

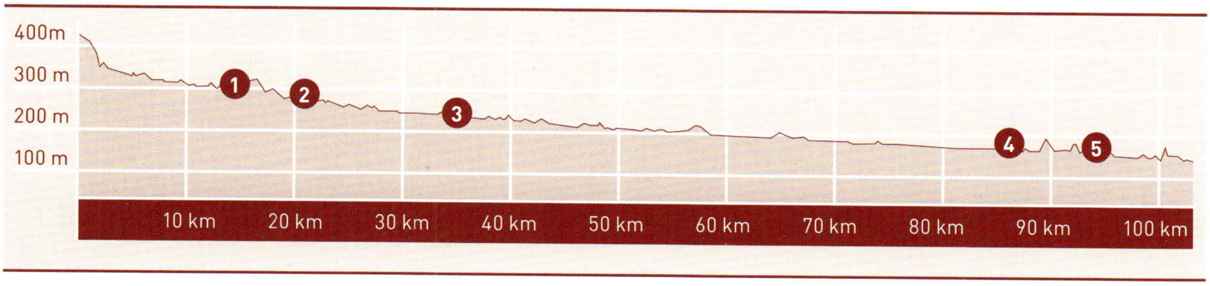

Hart an der Kante

Einmal quer über die Schwäbische Alb: Alb-Crossing ist eine echte Herausforderung

Alb-Crossing kompakt

Start: Aalen
Ziel: Tuttlingen
Gesamtstrecke: 367 km
Fahrzeit: 6 Tagesetappen
Höhenmeter: 6940
Schwierigkeit: anspruchsvoll

Anreise
Start und Ziel sind gut mit dem Auto und mit der Bahn zu erreichen. Auch wichtige Stationen auf dem Weg wie Bad Urach, Owen, Burladingen, Geislingen und Balingen haben Bahnanschluss. Die meisten Regionalzüge nehmen Fahrräder kostenlos mit: www.bahn.de

Der Radweg
Alb-Crossing ist nichts für gemütliche Flussradler. Mountainbike, E-Mountainbike oder Gravel-Bike sind ratsam, das Gros der Wege hat geschotterten Untergrund. Die Vielzahl der Höhenmeter erfordert Kondition oder die Unterstützung durch einen E-Antrieb. Das Landschaftserlebnis ist grandios.

Radkarte
Bei vielen Tourist-Informationen und beim Tourismusverband Schwäbische Alb (siehe unten) gibt es eine kostenlose Alb-Crossing-Faltkarte mit der groben Routenführung. Ein Radtourenbuch liegt in gedruckter Form bisher nicht vor. Detaillierte Informationen, GPS-Daten und Übernachtungsmöglichkeiten gibt es im Internet unter www.albcrossing.de

Einkehr
Wasserberghaus: Albvereinshütte mit deftigen Speisen in malerischer Lage unweit von Bad Überkingen. Idealer Rastplatz am Radweg: www.wasserberghaus.de
Nägelehaus am Raichberg: Gasthof und Wanderheim des Schwäbischen Albvereins in Albstadt-Onstmettingen am Traufgang Zollernburg-Panorama: www.naegelehaus.de
Traufganghütte Brunnental: Ein Abstecher von etwa acht Kilometern nach Albstadt-Laufen, der sich lohnt. Urige Gastronomie mit Niveau in lauschiger Umgebung: www.traufganghuette-brunnental.de

Übernachten
Gasthof Lamm in Neidlingen: Direkt unter der Burg Reußenstein und inmitten der Streuobstwiesen. Man kann hier auch gut essen: www.lamm-neidlingen.de

Allgemeine Auskunft
Schwäbische Alb Tourismusverband,
Bismarckstraße 21, 72574 Bad Urach,
Telefon 07125 939300,
www.schwaebischealb.de

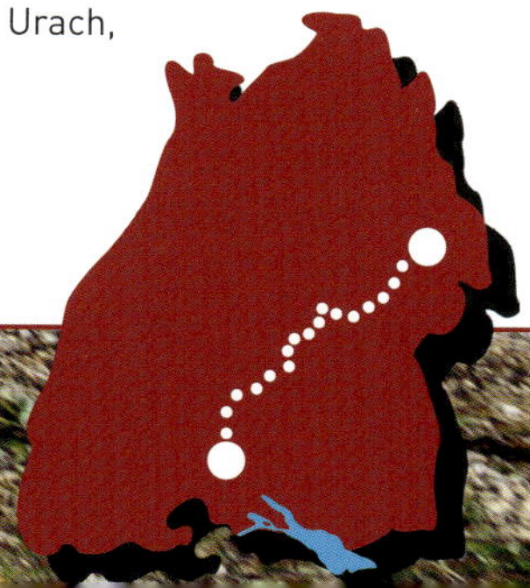

Geschafft: E-Biker lächeln auch nach dem steilen Aufstieg zur Burgruine Hohenneuffen.

Alb-Crossing heißt die Radroute, die einmal quer über die Schwäbische Alb führt. Eine anspruchsvolle Tour mit vielen Höhenmetern, grandioser Natur und fantastischen Ausblicken. Genau das Richtige für Konditionsstarke oder E-Mountainbiker.

Eine Schafherde liegt auf der Streuobstwiese. Die Tiere dösen in der Mittagssonne, kauen ein paar Grashalme. Man würde sich gerne zu ihnen legen, den Tag genießen, die letzten warmen Sonnenstrahlen in sich aufnehmen, die der Spätsommer vom Himmel schickt.

Eine fast biblische Szene inmitten der ländlichen Alb, am Rand des Dorfes Beuren. Ideal, um noch einmal zu rasten, bevor es nun steil den Berg hochgeht. Die **Burgruine Hohenneuffen** ❸! Fast 300 Höhenmeter thront sie über dem Tal, ein majestätisches Monument, das erobert sein will. Mit reiner Muskelkraft ist das eine Herausforderung. Kurve um Kurve windet sich der Waldweg in die Höhe, wer jetzt keine Bombenkondition hat, der schiebt.

Mit dem E-Bike ein Klacks

Lächelnd hingegen ziehen die E-Mountainbiker vorbei. Sie müssen zwar auch treten, bekommen aber starke Unterstützung. Das EMTB, wie es kurz heißt, hat den Markt erobert, ist mit dafür verantwortlich, dass der fast schon vergessene Radweg quer über die Schwäbische Alb nun reaktiviert wurde. Alb-Crossing heißt er. Er verbindet auf 367 Kilometern Länge Aalen mit Tuttlingen. Vom äußersten Nordosten bis in den Südwesten, zumeist am Albtrauf entlang. Fast 7000 Höhenmeter kommen da zusammen, immer wieder gibt es eine steile Abfahrt und einen ebenso steilen Anstieg.

Wie eben jenen zur Burg Hohenneuffen. Es ist die dritte Etappe der Tour, das 50 Kilometer lange

Stück von Gruibingen bis nach Bad Urach, der Übergang von der östlichen auf die mittlere Alb. Der Tag hat gut begonnen mit einem Abstecher zur **Ruine Reußenstein** ❷, die aussieht, als ob sie mit dem Kalkfelsen verwachsen wäre. Nur 500 Meter sind es vom Radweg bis dorthin, ein lohnenswerter kleiner Umweg mit weitem Blick ins Tal.

Aussichtsbalkon Albtrauf

Es ist der Beginn einer ganzen Reihe von Aussichtspunkten. Der Albtrauf gleicht einem großen Aussichtsbalkon, an dem man nun mit dem Fahrrad entlangfährt. Alle paar Kilometer geht ein neues Schaufenster auf, liegen die Wiesen und Dörfer dem radelnden Betrachter zu Füßen. Landschaftsbilder wie gemalt, mit Feldern, Wäldern, Siedlungen und Dorfstraßen.

Man muss nur dem blauen X auf gelbem Grund folgen. „Bikecrossing" steht darauf, weil der Weg früher einmal so hieß. Die Route ist weitgehend die gleiche, ergänzt um ein paar neue Schilder. Sie sind erstaunlich dicht gesät, nur selten muss man die Radkarte oder das GPS-Gerät zu Hilfe nehmen, um sich zu orientieren.

Romantische Ruine Reußenstein

Nach der Ruine Reußenstein verschwindet der Weg im Wald. Der Untergrund ist breit und gut geschottert, für Hardcore-Mountainbiker, die schmale Single-Trails bevorzugen, womöglich nicht das Ideale. Der große Rest hingegen ist hier genau richtig, kann ohne große sportliche Herausforderungen mitten durch die abgeschiedene Natur radeln.

Auf den Wald folgt eine Lichtung. Man war hier im Leben noch nicht und staunt, wie weit und einsam

Rast am Reußenstein: Viele Burgen liegen auf der Strecke – und jede Menge Streuobstwiesen (links).

diese Höhenzüge sind. Irgendwo in der Ferne tuckert ein Traktor über die Felder, zieht einen Heuwender hinter sich her. Zwischen den grünen Wiesen verläuft der Feldweg mit dem Hinweisschild „Alb-Crossing". Also alles nach Plan, es tut so gut, sich einfach mal treiben zu lassen.

Schotter kann tückisch sein

Die schwierigsten Passagen sind die, wo es auf Schotter den Berg hinuntergeht. Kurz vor der Burg Teck ist das der Fall. Man schwitzt ein wenig, muss sich genau konzentrieren oder zur Not einfach absteigen. Dann ist es auch schon geschafft. Unterhalb des Burgbergs geht es durch den Wald und anschließend auf einer bequemen, asphaltierten Serpentinenstraße in Richtung Owen hinunter. Wer nach dem Weg fragt, sollte den Ort übrigens wie „Auen" aussprechen, denn „Owen" sagen nur die „Dowen".

Es ist die unglaubliche Vielfalt, die Alb-Crossing so attraktiv macht. Burgen, Dörfer, einsame Natur und Wälder. Nach Owen kommt das Freilichtmuseum Beuren und nach Beuren eben die Burg Hohenneuffen, auf der einst das Bundesland Baden-Württemberg auf den Weg gebracht wurde. Die Herrschaften kamen sicher nicht mit dem Fahrrad hier herauf, doch wer sich den Weg einmal erarbeitet hat, blickt stolz in die Ferne.

Appetit auf die Alb

Schon die ersten beiden Etappen haben Appetit gemacht: Der Aussichtsturm bei Aalen, der den Namen „Aalbäumle" trägt, die Offroad-Strecke „Bike the Rock" in der Nähe von Heubach. Dort können Geländegängige von der Hauptroute abweichen und sich im Querfeldein-Fahren üben. Alternativ schaut man einfach zu, was die anderen so draufhaben.

Bald nach dem Filstal kommt die kulinarische Seite der Alb. In Schlat hat die berühmte Sektmanufaktur von Jörg Geiger ihren Direktverkauf, im **Wasserberghaus** ❶ serviert der Hüttenwirt ausgezeichnete Speisen. Der Wasserberg ist ein Naturschutzgebiet, mit vielen seltenen Pflanzen am Wegesrand und einer Premium-Aussicht auf die „Drei Kaiserberge": Stuifen, Rechberg und Hohenstaufen.

Probier's mal mit Gemütlichkeit: die Alb-Schafe machen vor, wie es geht.

Knackige Steigungen: Alb-Crossing ist
nichts für die, die es einfach und flach lieben.

Im Land der Staufer

Die Ostalb ist das Land der Staufer, in der Mitte der Alb trifft man auf die Spuren der Württemberger. Bad Urach war im 15. Jahrhundert, in der Zeit der Teilung Württembergs, sogar eine der Hauptstädte. Das kleine Residenzschloss steht heute verträumt am Ufer der Erms. Zeit für eine längere Pause am Ende der dritten Etappe. Der Marktplatz von Urach lädt zum Bummeln ein, im alten Kloster kann man sogar übernachten, es ist heute das Einkehrhaus der Evangelischen Landeskirche.

Dann geht es wieder hinaus in die Natur. Mit ein paar Apfelbrötchen vom Beckabeck im Gepäck startet man in Richtung Pfullingen. Ein paar knackige Steigungen liegen auf dem Weg, auf satte 1500 Höhenmeter bringt es diese vierte Etappe bis **Sonnenbühl-Erpfingen** ❹. Dann bleibt man weitgehend oben und wird kurz vor Balingen noch mit einer langen Abfahrt belohnt.

Märchenschloss der Hohenzollern

Es lohnt sich, Zeit mitzubringen. Nicht nur stur die Strecke abzuradeln, sondern zu verweilen. In Albstadt-Onstmettingen etwa, wo eine Vielzahl sogenannter Traufgänge die Steilkante erschließt. Der aussichtsreichste aller Wege führt vom Raichberg (Nägelehaus) in Richtung Hohenzollern. Zollernburg-Panorama wird die Runde auch genannt, vom Zeller Horn aus sieht man die **Burg Hohenzollern** ❺ in ihrer ganzen atemberaubenden Pracht, es gibt auch eine Liege für Genießer.

Auch auf der letzten Etappe liegt noch einmal ein Highlight, diesmal sogar im wahrsten Sinne des Wortes: der **Lemberg** ❻, mit 1015 Metern die höchste Erhebung der Schwäbischen Alb. Alb-Crossing spart auch ihn nicht aus, führt knapp unter seinem Gipfel entlang. Den sollte man sich wirklich nicht entgehen lassen, zumal ein stählerner Aussichtturm oben für allerbeste Fernsicht sorgt.

Dekorativ: das rote Rad im Obstgarten und die Burg Hohenzollern auf dem Bergkegel (oben).

Sehenswert

Manufaktur Jörg Geiger
Jörg Geiger aus Schlat ist vor allem für seinen Schaumwein bekannt. Der schmeckt auch ohne Alkohol vorzüglich (Prisecco) und kann in Schlat bei Göppingen im Direktverkauf erworben werden: www.manufaktur-joerg-geiger.de

Blick vom Breitenstein
Wer einen Abstecher zum Breitenstein nach Ochsenwang macht, wird mit formidabler Aussicht belohnt. Von allen Premium-Panoramen der Alb vermutlich das beste, schon Mörike wusste den Blick von hier zu schätzen.

Nudeln von Albgold
Albgold in Trochtelfingen ist nicht nur eine Teigwarenfabrik, sondern auch ein Erlebniszentrum. Bei Firmenführungen lernt man die Bandbreite der Nudeln kennen, beim anschließenden Abendessen, wie sie schmecken: www.alb-gold.de

Mobilitätszentrum Münsingen
Das Mobilitätszentrum in Münsingen auf der Mittleren Alb hat sich zu einem Treffpunkt für E-Biker und Technik-Interessierte entwickelt. Von hier aus kann man Touren machen und Pedelecs der neuesten Generation ausprobieren: www.muensingen.com

Region der zehn Tausender

„Region der zehn Tausender“ wird das Südwestende der Alb auch genannt, weil hier nicht weniger als zehn Gipfel knapp über der Tausendermarke liegen. Auf nur 987 Meter bringt es der Dreifaltigkeitsberg bei Spaichingen, wo ein Besuch sich allein schon wegen der Wallfahrtskirche und dem Krippenmuseum lohnt. Der Umweg beträgt lediglich 300 Meter.

Finale! In Tuttlingen an der Donau endet die Cross-Strecke über die Alb. Kurz zuvor passiert man in Wurmlingen die bekannte Hirsch-Brauerei. Das Bier aus deren Sudkesseln schmeckt vorzüglich, das Essen in der Brauereigaststätte ebenfalls. Am Ende einer solchen Mammuttour hat man sich beides wahrhaftig mehr als verdient.

Kornwestheim
Leonberg
Stuttgart
Waiblingen
Fellbach
Schorndorf
Schwäbisch Gmünd
Aalen
Esslingen am Neckar
Sindelfingen
Göppingen
Heidenheim an der Brenz
Böblingen
Kirchheim unter Teck
Wasserberg (751 m)
Nürtingen
Ochsenwang
Reußenstein
Geislingen an der Steige
Tübingen
Hohenneuffen
Reutlingen
Neckar
Bad Urach
Münsingen
Ulm
Burg Hohenzollern
Sonnenbühl-Erpfingen
Balingen
Burladingen
Albstadt
Donau
Lemberg (1015 m)
Biberach an der Riß
Tuttlingen
SCHWÄBISCHE ALB
0 15 km
Schwäbische Alb
X-ing
Bike-Crossing

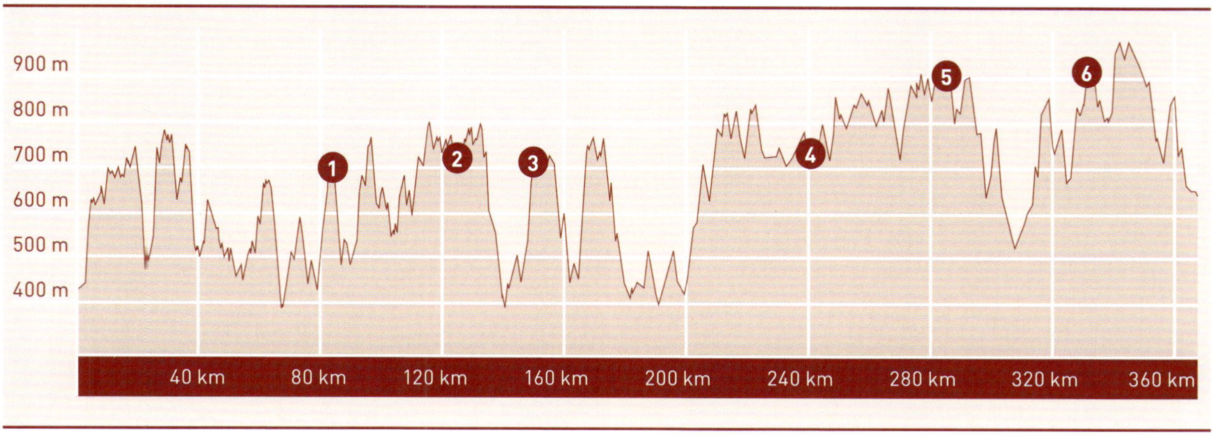
900 m
800 m
700 m
600 m
500 m
400 m
40 km
80 km
120 km
160 km
200 km
240 km
280 km
320 km
360 km

Die Alpen im Blick

Mit dem Rad von der Donau zum Bodensee

Der Donau-Bodensee-Radweg kompakt

Start: Ulm
Ziel: Kressbronn am Bodensee
Gesamtstrecke: 156 km
Höhenmeter: 984
Fahrzeit: 4 Tagesetappen
Schwierigkeit: mittel

Anreise
Start (Ulm) und Ziel (Kressbronn) sind mit der Bahn gut angebunden. Von Lindau am Bodensee gibt es eine Direktverbindung nach Ulm: www.bahn.de. Wer mit dem Auto anreist, sucht am besten außerhalb von Ulm eine Parkmöglichkeit.

Die Radtour
Der Donau-Bodensee-Radweg ist eine 156 Kilometer lange Streckenroute, die in Ulm beginnt und in Kressbronn am Bodensee endet. Die Tour ist gut mit dem Donauradweg und dem Bodenseeradweg kombinierbar. Alle wichtigen Informationen, genaue Wegbeschreibungen sowie weitere Streckentipps gibt es in der Broschüre „Radwege in der Ferienregion Oberschwaben-Allgäu", bestellbar bei Oberschwaben-Tourismus (siehe unten). Die Broschüre enthält auch ein Verzeichnis der E-Bike-Ladestellen.

Radtourenbuch
Für den Donau-Bodensee-Radweg und den Oberschwaben-Allgäu-Radweg ist im Esterbauer-Verlag ein gemeinsames detailliertes Radtourenbuch erschienen (Reihe Bikeline): ISBN 978-3-58000-874-7.

Einkehr
Landgasthof Kreuz in Bad Waldsee: Hier wird mit Zutaten aus dem eigenen Kräutergarten gekocht. Es gibt auch Zimmer: www.hotel-kreuz.de
Bio-Hotel-Adler in Vogt (Allgäu): Wer eine biologisch-gesunde Küche schätzt, ist hier richtig. Man kann auch übernachten. Liegt ein paar Kilometer westlich der Strecke: www.vogter-adler.de

Übernachten
Grüner Baum und Altes Tor in Bad Waldsee: Im Herzen der Altstadt gelegen. Es gibt auch ein gutes Restaurant: www.baum-leben.de

Allgemeine Auskunft
Oberschwaben Tourismus GmbH, Neues Kloster 1, 88427 Bad Schussenried, Telefon 07583 926380, www.oberschwaben-tourismus.de

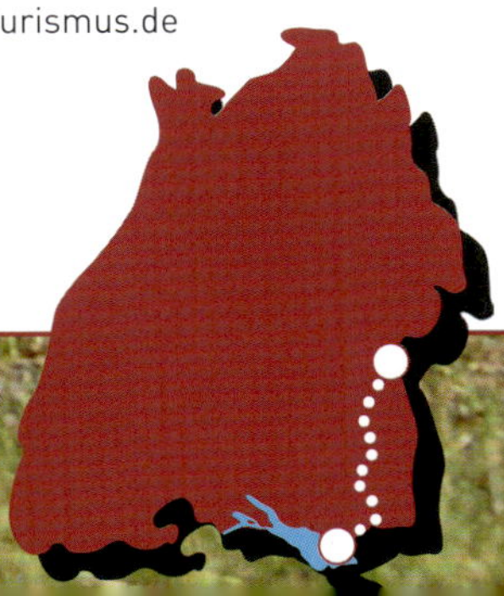

Der Kirchturm von Biberach an der Riß. Daneben der Esel, den der eigenwillige Künstler Peter Lenk beigesteuert hat.

In Oberschwaben sind Dörfer noch richtige Dörfer. Und der Bodensee und die Alpen nie weit. Bei einer Radtour auf dem Donau-Bodensee-Radweg lässt sich beides erleben.

Summerau 5: Hat man diesen Ortsnamen schon einmal gehört? Natürlich nicht, und trotzdem möchte man hier einfach bleiben und genießen. Es ist ja auch ein wunderbarer Anblick, wie die Kühe mitten im Hopfengarten stehen und das Gras auf dem abgeernteten Feld fressen. Ein Dorfidyll wie aus einem Bilderbuch alter Zeiten.

Summerau ist einer dieser Weiler, in denen man auf der Radtour von Wangen in Richtung Bodensee landet. Ein Dorf mit ein paar Bauernhäusern, Obstgärten und Traktoren, die durch die Hauptstraße tuckern. Durchgangsverkehr? Fehlanzeige! Lediglich die Radfahrer kommen hier vorbei und fragen sich amüsiert, wer die Kühe so dekorativ unter dem Stangen- und Drahtgeflecht der Hopfengärten platziert hat.

Idyllische Dörfer

Im ländlichen Oberschwaben ist vieles noch so, wie es immer schon war. Hier gibt es noch Dörfer ohne ausgedehnte Gewerbegebiete und weite Wiesenlandschaften, die bis zum Horizont reichen. Bald hinter Wangen verliert sich der Donau-Bodensee-Radweg auf kleinen Nebenstraßen. Durch Dörfer wie Summerau, wo das Leben noch seinen geruhsamen Gang geht und am Straßenrand frische Äpfel verkauft werden. „Entschleunigung" nennt man das heute auch mit einem Modewort. Wer in Oberschwaben unterwegs ist, entschleunigt ganz von alleine, wenn er sich nur ein bisschen auf Land und Leute einlässt.

Die Wege sind zumeist ein wenig wellig. So wie die Landschaft, durch die man fährt. Immer wieder

Die vielen Seiten Oberschwabens: Kühe auf dem Hopferacker (oben), Schloss Kißlegg mit seinem Park.

steht auf einem Hügel eine Kapelle oder an einer Weggabelung ein großes Kreuz. Es ist tiefkatholisches Land, in dem die Kirche noch ihren festen Platz im Leben der Menschen hat. Wo Traditionen noch großgeschrieben werden und keine reine Inszenierung für den Tourismus sind. Ein Landstrich für echte Entdecker, die nicht überall da sein wollen, wo alle andere schon waren.

Ulm und sein Kirchturm

Wer den gesamten Donau-Bodensee-Radweg absolviert, hat seit **Ulm** ❶ schon einiges erlebt. Die Stadt an der Donau mit dem höchsten Kirchturm der Welt. Das malerische Flussufer mit dem Fischerviertel und seinen wunderbaren Einkehrmöglichkeiten. Ein guter Start, der Lust macht auf mehr.

156 Kilometer umfasst die Gesamtstrecke, die üblicherweise in vier Etappen zerlegt wird. Sie verbindet zwei der beliebtesten Fernradwege in Baden-Württemberg: den Donau-Radweg und den Bodenseeradweg.

Die erste der vier Etappen von der Donau zum Bodensee ist zahm, gerade einmal 143 Meter Steigung auf knapp 50 Kilometern Strecke. Abseits der Hauptverkehrsrouten geht es nach Süden, über offenes Ackerland und entlang eines Flüsschens, das auf die nächste Stadt hinweist: die Riß, den meisten bekannt in der Kombination **„Biberach an der Riß"** ❷.

Die alte Reichsstadt ist einen ausführlichen Stopp wert, ihr Marktplatz bis heute eine Augenweide. Er wird überragt von einer Stadtkirche, die von beiden Konfessionen nach strengen Regeln gleichermaßen genutzt wird. Auf der einen Seite wischt die katholische Putzfrau nass raus, auf der anderen die evangelische. Simultankirche nennt man ein solches Konstrukt, ein Überbleibsel aus der Zeit der Reformation, als Biberach den Ausgleich zwischen Luther und dem Papst suchte.

Ein mühsames Unterfangen, genau wie die nächste Etappe. 271 Höhenmeter liegen auf dem 31 Kilometer langen Weg bis Bad Waldsee. Nun sind eindeutig die E-Biker im Vorteil sowie jene, die schon immer etwas mehr Kondition hatten als die anderen. Sie werden allesamt durch grandiose Aussichten und rasante Abfahrten belohnt.

Im Land der reifen Äpfel: Je weiter man sich dem Bodensee nähert, desto mehr gibt es davon.

E-Biker im Vorteil

Bad Waldsee trägt seinen Namen ganz zu Recht. Hier darf man eintauchen und die müden Radlerbeine im fluorid- und schwefelhaltigen Thermalwasser verwöhnen. An warmen Sommertagen wartet überdies ein Strand- und Freibad auf Besucher sowie manch lauschiger Biergarten in der Innenstadt, die ihr historisches Ambiente bewahrt hat.

Derart gestärkt kann nun die dritte und steigungsreichste aller Etappen in Angriff genommen werden. Das Stück zwischen Bad Waldsee und Wangen hat es in sich, führt steil und kurvenreich durch die Landschaft, die sich hier von ihrer schönsten Seite zeigt. 429 Höhenmeter auf 45 Kilometer sind das, von denen man freilich keinen einzigen bereut.

Es ist eine kleine Zeitreise, die in **Wolfegg** ❸ zurück in die vergangenen Jahrhunderte des bäuerlichen Lebens führt. Inmitten der oberschwäbischen Streuobstwiesen und saftig grünen Weiden stehen hier 15 Bauernhäuser aus der Vergangenheit, in einem Freilichtmuseum, das jährlich Tausende von Menschen fasziniert.

Eile mit Weile

Radfahrer stellen hier ihren Drahtesel am besten ab, machen das, was man auf einer Genussradtour keinesfalls versäumen sollte: Pause. Eile mit Weile, wer ein bisschen Zeit mitbringt, hat mehr vom Leben und der Landschaft, die immer wieder auch zu Abstechern einlädt: nach **Kißlegg** ❹, ins benachbarte Schussental etwa, wo die Städte Ravensburg und Weingarten in unmittelbarer Nachbarschaft liegen.

Wer den direkten Weg wählt, landet am Ende der Etappen in Wangen. Der Ort ist ideal, um sich für die weitere Radtour zu stärken. Berühmt ist der Fidelisbäck in der Altstadt, wo man frische oberschwäbische Seelen bekommt, ein Traditionsgebäck aus Mehl, Dinkel, Salz und Kümmel. Die meisten Besucher schätzen den hauseigenen Fleischkäse dazu.

Rund 30 Kilometer sind es von Wangen an den Bodensee. Man kann sie natürlich in zwei oder drei Stunden schaffen, sich aber auch bewusst ein bisschen Zeit nehmen, um Land und Leute zu erleben sowie einfach ein wenig in den Tag hineinzuträumen.

Am Schwäbischen Meer

Wielandsweiler ist wieder so ein Dorf zum Verlieben. Zwischen blühenden Wiesen und Obstbäumen liegt ein See, der sich ideal für eine kleine Siesta eignet. Der Ort gehört zu Tettnang, doch das haben Bierfreunde längst geahnt, weil man von einem Hopfengarten zum nächsten radelt: Der Tettnanger Hopfen wird von Bierbrauern als besonders hochwertig und aromatisch geschätzt und von hier aus in die ganze Welt exportiert.

Dann endlich, ja endlich, kommt er in Sicht: der Bodensee. So schön die Abgeschiedenheit des Umlandes ist, so sehr schätzt man das quirlige Leben am Ufer des großen Gewässers, das nun wirklich beinahe wie ein Schwäbisches Meer vor den Augen des Radlers liegt.

In Kressbronn hat man den See erreicht, der hier gerade noch württembergisch ist. Ein paar Kilometer weiter östlich beginnt Bayern und dann folgen auch schon Österreich und die Schweiz. Den Bodensee teilen sich viele Menschen und Länder, ein kunterbuntes Allerlei mit Radlern, Badeurlaubern, Bauern und Bootsbesitzern. Die großen Schiffe nehmen auch Radfahrer mit, eine Fahrt übers Wasser nach Konstanz kann der krönende Abschluss der Radtour sein oder gleich der Beginn einer neuen auf der anderen Seite des Sees.

Sehenswert

Biberach an der Riß 2
Schöne Altstadt mit einer der wenigen evangelisch-katholisch genutzten Simultankirchen im Lande. Lohnenswert ist dort auch das dem Dichter Christoph Martin Wieland gewidmete Literatur-Museum:
www.biberach-tourismus.de,
www.wieland-museum.de

Waldsee-Therme
Die Waldsee-Therme in Bad Waldsee ist die heißeste Quelle Oberschwabens. In dem fluorid- und schwefelhaltigen Wasser kann man seine müden Muskeln verwöhnen lassen. Es gibt auch eine große Saunalandschaft:
www.waldsee-therme.de

Museen in Wolfegg 3
Ein Barockschloss und zwei Museen warten auf die Besucher in Wolfegg. Ein Automuseum zeigt Oldtimer der Sechziger- und Siebzigerjahre, das Bauernhausmuseum die ländliche Kultur vergangener Zeiten: www.wolfegg.de

Die besten Seelen
Beim Fidelisbäck in Wangen (Paradiesstraße 3) gibt es hervorragende Seelen nach alter Rezeptur und wunderbaren Leberkäse. Lohnt einen Stopp, auch wegen der malerischen Altstadt:
www.fidelis1505.de

Donau-Bodensee-Weg

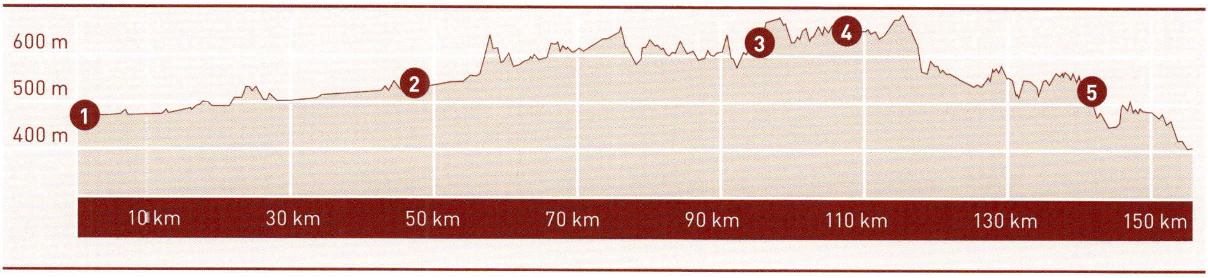

Grenzenloses Vergnügen

Radeln durch drei Welten

Der 3-Welten-Radweg kompakt

Start/Ziel: Schaffhausen (Schweiz)
Gesamtstrecke: 302 km
Fahrzeit: 6 Tagesetappen
Höhenmeter: 2032
Schwierigkeit: mittel

Anreise
Start und Ziel Schaffhausen sowie die größeren Etappenorte wie Villingen-Schwenningen, Donaueschingen, Singen, Radolfzell, Waldshut-Tiengen und Titisee-Neustadt sind alle mit der Bahn zu erreichen: www.bahn.de

Der Radweg
Der 3-Welten-Radweg kombiniert Schwarzwald, Rhein, Bodensee und Hegau sowie die Radfernwege Schwarzwald-Panorama-Radweg, Rheinradweg (EuroVelo 15), Bodensee-Radweg und Heidelberg-Schwarzwald-Bodensee-Radweg. Man folgt ihren jeweiligen Hinweistafeln, eine eigene Beschilderung gibt es nicht.

Die Etappen
Für die knapp 300 Kilometer werden sechs Etappen empfohlen: Schaffhausen-Singen, Singen-Donaueschingen, Donaueschingen-Bräunlingen, Bräunlingen-Bonndorf, Bonndorf-Tiengen, Tiengen-Schaffhausen. Die Strecke ist zwar nicht frei von Steigungen, aber insgesamt doch so steigungsarm, dass sie als leicht eingestuft wird. Die alemannischen Dialektstationen entlang der Strecken kann man per QR-Code oder als Download auf dem Smartphone anhören. Näheres unter: www.3welten-radweg.de und www.radwegfluesterer.de

Einkehren
Café Schlosspark in Hilzingen: Ideal für eine Rast am Nachmittag, mit Blick auf den Hohentwiel: Telefon 07731 7937355.
Hotel Ochsen in Lenzkirch-Saig: Traditionelle Schwarzwälder Küche, hier kann man auch übernachten: www.ochsen-saig.de

Das Tourbook
Gerade weil es keine einheitliche Beschilderung gibt, ist das kostenlose Tourbook „DreiWelten-Radweg" (DIN A5, 36 Seiten) ein unerlässlicher Wegbegleiter. Bestellbar bei: Schwarzwald Tourismus (siehe unten).

Allgemeine Auskunft
Schwarzwald Tourismus GmbH, Wiesentalstraße 5,
79115 Freiburg, Telefon: 0761 896460,
www.schwarzwald-tourismus.info

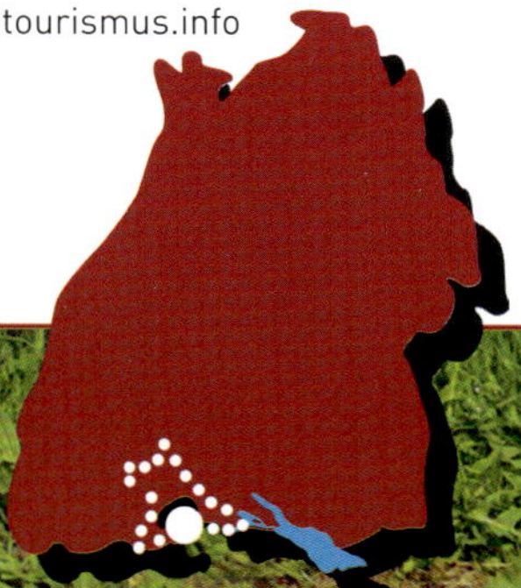

Imposantes Naturschauspiel: der Rheinfall bei Schaffhausen.
Mit Booten kann man mitten hinein fahren.

Durch den Schwarzwald, das Rheintal und am Bodensee entlang, dabei immer wieder Schweizer Boden berühren und nebenbei ein bisschen Alemannisch lernen? Der 3-Welten-Radweg führt über Grenzen – und noch ein bisschen weiter.

Das Bergabfahren muss man sich verdienen. Zwischen Bräunlingen und **Eisenbach** ❺ geht es erst einmal richtig den Buckel hinauf. Es ist einer der wenigen steilen Abschnitte des 3-Welten-Radwegs, entlang dunkler Tannen und Fichten, die den Weg säumen. Wer jetzt kein E-Bike fährt, keucht ein wenig und wischt sich den perlenden Schweiß von der Stirn, aber der Weg lohnt sich. In Eisenbach-Höchst öffnet sich die Landschaft. Am anderen Ende des Tals ist der Feldberggipfel zu erkennen, der alte Rundfunkturm markiert seine Spitze, auf der manchmal bis ins Frühjahr hinein noch Schnee liegt. Im Sommer ist er frei davon, so wie die ganze Landschaft im Südschwarzwald. Dafür grasen Kühe auf den Bergwiesen und Bauern sind mit ihren Traktoren unterwegs.

Schilder-Wald

Eisenbach ist der höchste Punkt des 3-Welten-Radwegs. 1081 Meter liegt der Weiler über dem Meeresspiegel, eine wunderbare Sommerfrische, die man nun auf einer zehn Kilometer langen Abfahrt genießen kann. Sie führt zur Streusiedlung Schwärzenbach, einem Ortsteil von Titisee-Neustadt. In malerischen Windungen verläuft der Radweg zwischen Bauernhöfen, an alten Mühlen vorbei, entlang verträumter Wäldchen und Weiher. Es sind kleine, verkehrsarme Nebenstraßen. Unter der Woche ist kaum jemand unterwegs, eine Wohltat für alle, die sich nach Ruhe sehnen und nach einem Schwarzwalderlebnis wie in alten Zeiten.

Der 3-Welten-Radweg folgt hier den Schildern des Schwarzwald-Panorama-Radwegs: ein schwarzes Fahrrad vor einer grünen Baumkulisse. Später, am Rhein, wird man sich an der blauen Tafel mit den gelben Sternen orientieren (EuroVelo15), danach folgt der Bodensee-Radweg und schließlich die rote Hinweistafel des Heidelberg-Schwarzwald-Bodensee-Radwegs. Der 3-Welten-Radweg ist eine Kombination aus vier Fernradwegen, deren Symbole man sich am besten einprägt. Eine eigene Beschilderung gibt es nicht, dafür jedoch ein ziemlich gutes Tourbuch im DIN-A5-Format, das die Orientierung leicht macht. Man kann es bequem in die Lenkertasche stecken und mit auf die Reise nehmen.

Geflüster am Wegesrand

„Grüß Gott in Hiffinge mit sine Gäschd und Iwohna!" In Hüfingen im Schwarzwald spricht eine freundliche Dame von Gästen und Einwohnern. Wer sein Handy auf den QR-Code hält oder sich vorher alles heruntergeladen hat, kann „hören und staunen", wie das Motto der sogenannten Radwegflüsterer heißt. Die Dialektstationen gehören zu den Highlights des 3-Welten-Radwegs. Dort erklären Mundartsprecher auf Alemannisch die Besonderheiten der Region.

Es ist eine abwechslungsreiche Tour, ein Weg durch drei Welten, vielleicht aber sogar ein paar mehr, weil hier so vieles zusammentrifft: der Schwarzwald, der Hochrhein, der Bodensee, die Landschaften des

Abseits der großen Highlights: Der 3-Welten-Radweg hat auch viele ruhige Abschnitte.

Radtour zu den Römern: Bei Tengen-Büßlingen tauchen plötzlich die Überreste eines antiken Gutshofs auf.

Hegaus. Hinzu kommen Landesgrenzen, der ständige Wechsel zwischen Deutschland, der Schweiz, zwischen Dörfern, Städten, Flüssen und Bergen.

Das größte Stück der rund 300 Kilometer verläuft durch den Schwarzwald. Von Villingen-Schwenningen über den Titisee nach Waldshut, vorbei an der **Wutachschlucht** ❻. Danach folgen die Rheinroute bis Stein, der westliche Bodensee bis Radolfzell und schließlich das Stück durch den Hegau. In Villingen ist die Rundtour zu Ende, sechs Etappen, die ein reines Vergnügen sind.

Dampf oder Gischt?

In **Stühlingen** ❼ etwa, wo der Radweg die Gleise der Sauschwänzlebahn berührt. Wer will, kann das Rad hier parken und in die Dampflok einsteigen. Oder am **Rheinfall von Schaffhausen** ❶ mit dem Boot durch die schäumende Gischt kreuzen. Der Rheinfall ist einer der Höhepunkte der 3-Welten-Tour, ein Naturwunder, das jedes Mal aufs Neue einen tiefen Eindruck hinterlässt.

Nach dem Rheinfall beginnt ein bezauberndes Wechselspiel zwischen der Schweiz und Deutschland. Alle paar Kilometer taucht eine Landesgrenze auf. Der kurioseste aller Grenzorte ist **Büsingen** ❷. Gleich nach der malerischen Promenade im Osten von Schaffhausen heißt einen die deutsche Exklave willkommen. Sie ist komplett von der Schweiz umschlossen, hat zwei Vorwahlen, zwei Währungen und einen deutschen Fußballclub, der in der Schweizer Liga spielt. Die Einwohner genießen ihr abgeschiedenes Leben. Der Rhein ist hier besonders schön, ganz naturnah und still. Wer will, kann baden oder

Erst Schwarzwald, dann Hochrhein, später Hegau: Der 3-Welten-Radweg trägt seinen Namen zu Recht.

in einen Weidling steigen, wie die flachen Holzboote heißen, die überall am Hochrheinufer liegen.

Auf gute Nachbarschaft

„Kann ich Ihnen helfen?" Man braucht nur einmal fragend in seine Radkarte zu schauen, und schon ist jemand zur Stelle. Die Menschen sind entspannt hier, weltoffen und gerne selbst auf ihren Radwegen unterwegs. Nach Büsingen geht es wieder durch die Schweiz, nur um 500 Meter später auf deutschen Boden zurückzukommen, großformatig markiert von dem goldgelben Grenzschild der Bundesrepublik mitten auf einem Acker.

Es ist ein Sommervergnügen, am Wasser entlangzufahren. Am Hochrhein und Bodensee bleibt der Radweg fast flach, mit schönen Uferwiesen, auf denen man rasten und picknicken kann. Auf der **Halbinsel Höri** ❸ kamen einst auch die Künstler zur Ruhe. Der Schriftsteller Hermann Hesse fand hier sein Idyll, der Maler Otto Dix ebenfalls. Beide hinterließen sie Häuser, die heute Museen sind und besichtigt werden können, Hesse in Gaienhofen und Dix im benachbarten Ortsteil Hemmenhofen.

In Radolfzell verlässt der 3-Welten-Radweg den Bodensee, folgt nun der roten Beschilderung des Heidelberg-Schwarzwald-Bodensee-Radwegs. Es ist zugleich der Übergang in die Hügellandschaft des Hegaus, der ab Singen das Bild bestimmt. Wie Monolithen ragen seine Vulkanberge heraus, der bekannteste von ihnen ist der **Hohentwiel** ❹, auf dessen Spitze eine große Festungsruine steht.

Das Salz in der Suppe

Der Weg geht nun in sanften Wellen nach Norden. Vorbei an Feldern, auf denen das Korn reift. Der nächste Vulkanberg heißt Hohenstoffeln, wie ein Hut bekrönt sein 842 Meter hoher Gipfel die Landschaft. In der siedelten einst die Römer. Kurz vor Tengen-Büßlingen finden sich inmitten einer Wiese die gemauerten Überreste eines alten römischen Gutshofes. Eine rie-

sige Anlage mit nahem Grillplatz und ein guter Grund, mal wieder eine Pause einzulegen – wer sich Zeit nimmt für den 3-Welten-Radweg, hat mehr von ihm.

Dann sind auch die Steigungen im Schwarzwald nur das Salz in der Suppe einer Tour, deren Mischung es in sich hat. Sonst verpasst man am Ende noch die Fortsetzung des Dialektparcours: In der Schweiz tönt es nämlich durchaus anders als in Villingen-Schwenningen oder Titisee-Neustadt. Welten sind sie trotzdem nicht auseinander, nur ein paar schöne Radkilometer, die ihre so vielfältigen Landschaften verbinden.

Rhein, aber fein: Abendstimmung am Flussufer rund um die Schweizer Kleinstadt Diessenhofen.

Sehenswert

Die Bodenseerunde
Als „Tagestour 1" im Tourbook des 3-Welten-Radwegs beschrieben, führt die 52 Kilometer lange Radrundstrecke von Gailingen am Rhein nach Stein, am Bodensee entlang bis Radolfzell und von dort über Rielasingen zurück nach Gailingen.

Der Rheinfall 1
Liegt eigentlich in Neuhausen, obwohl jeder ihn mit dem benachbarten Schaffhausen verbindet. Naturspektakel auf Schweizer Boden am Hochrhein. Er ist der größte Wasserfall Europas, man kann ihn auf einer Bootsrundfahrt erleben und auch mittendrin auf einem Felsen aussteigen. www.rheinfall.ch

Der Hohentwiel 4
Gilt als der Hausberg Singens. Auf der 686 Meter hohen Spitze des Vulkankegels liegt eine malerische Festungsruine, und an seinem Hang erstreckt sich der höchste Weinberg Deutschlands. Im Nachbarort Hilzingen gibt es eine Barockkirche, die einen Abstecher lohnt. www.festungsruine-hohentwiel.de

Die Sauschwänzlebahn 7
Sie heißt eigentlich Wutachtalbahn und verkehrt zwischen Blumberg und Stühlingen-Weizen im Südschwarzwald. Ihren Namen hat sie von den Kreiskehren, die aussehen wie ein geringelter Schweineschwanz. Ein Erlebnis sind auch die Viadukte und die Tunnel: www.sauschwaenzlebahn.de

Trossingen
Spaichingen
Villingen-
-Schwenningen
Furtwangen
im Schwarzwald
Bad Dürrheim
Donau
Tuttlingen
5 Eisenbach
Donaueschingen
Titisee-
-Neustadt
Donau
Baden-
Württemberg
Wutachschlucht
6
Wutach
Stockach
Blumberg
Schluchsee
Hohentwiel
4
Singen
Radolfzell
Stühlingen/
Sauschwänzlebahn 7
Büsingen
am Hochrhein
Schaffhausen
2
3
Zeller See
Halbinsel
Höri
1
Rheinfall
Tiengen
Waldshut-
Rhein
Rhein
SCHWEIZ
0
1000 m

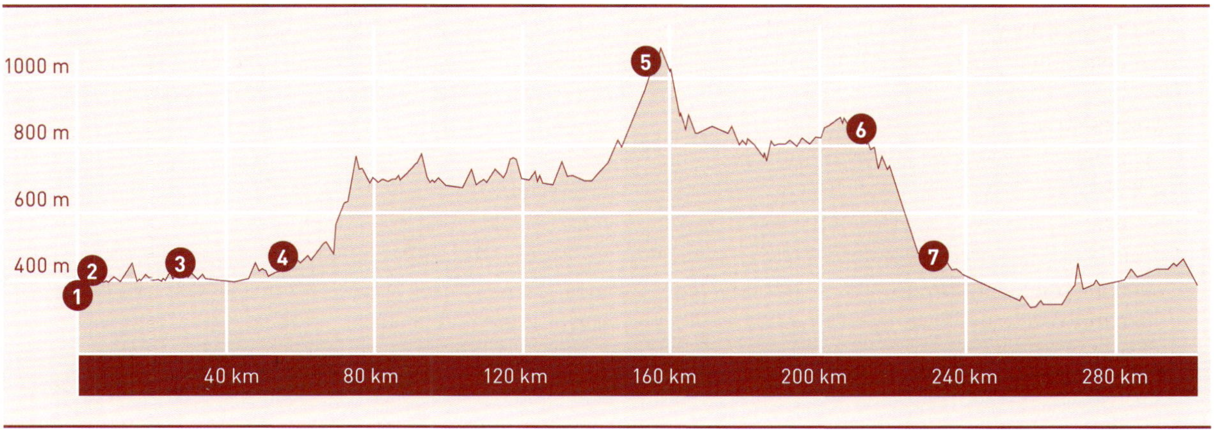
1000 m
800 m
600 m
400 m
1
2
3
4
5
6
7
40 km
80 km
120 km
160 km
200 km
240 km
280 km

Auf die lange Tour

Einmal durch den Nordschwarzwald

Der Naturpark-Radweg kompakt

Start und Ziel: Freudenstadt Bahnhof
Gesamtstrecke: 261 km
Fahrzeit: 4–6 Tagesetappen
Höhenmeter: 2630
Schwierigkeit: mittel bis schwer

Anreise
Zahlreiche Orte am Radweg sind mit der Bahn gut erreichbar. Viele Züge bieten Fahrradmitnahme an. www.efa-bw.de, www.bahn.de

Die Radtour
Der Naturpark-Radweg kann in beiden Richtungen befahren werden und verlangt aufgrund seiner Topografie ein wenig Kondition. Die meisten Beschreibungen beginnen ab Freudenstadt. Ein E-Bike ist sehr von Vorteil, und das Netz von Ladestationen ist gut ausgebaut. www.naturpark-radweg.de

Karte
Bei den Tourist-Informationen gibt es einen kostenlosen Flyer, der allerdings kein Höhenprofil aufweist. Wer es detailliert haben will, sollte sich das Bikeline-Radtourenbuch „Naturpark-Radweg Schwarzwald Mitte/Nord" zulegen. Verlag Esterbauer, ISBN 978-3-85000-376-6

Einkehren
Vogel Hausbräu in Ettlingen bietet passend zum Selbstgebrauten auch deftige Speisen an. www.vogelbraeu.de
Die **Marktscheune in Berghaupten** gehört zur Gruppe der Naturpark-Wirte. Hier kann man sowohl essen als auch regionale Produkte einkaufen. www.markt-scheune.com
www.naturparkschwarzwald.de/regional/naturpark-wirte/

Übernachten
Im Hotel Adler in Freudenstadt in der Nähe des Marktplatzes lässt sich's gut essen und übernachten. www.adler-fds.de

Allgemeine Auskunft
Naturpark Schwarzwald Mitte/Nord, Im Haus des Gastes, Hauptstraße 94, 77830 Bühlertal, Telefon: 07223 9577150, www.naturparkschwarzwald.de

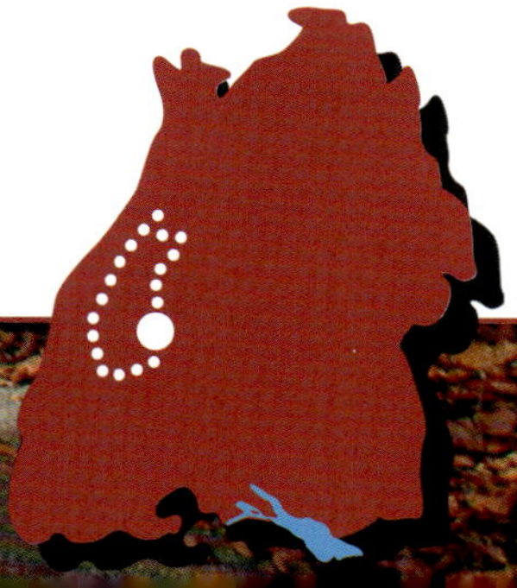

Hier geht die Post ab: Alpirsbach mit seinem Brauereigasthof und dem bekannten Benediktinerkloster.

Wer den Naturpark-Radweg fährt, hat einmal den Nördlichen und Mittleren Schwarzwald umrundet. Ein ambitioniertes Auf und Ab durch Wälder und Täler, den Rheingraben und die einsamen Höhenzüge.

Freudenstadt ist ein guter Anfang. Der Ort liegt hoch und hat einen bestens angebundenen Bahnhof. Hier kann man sich auf dem malerischen Marktplatz noch mit einem Eis stärken, ehe es losgeht. Denn der Naturpark-Radweg Schwarzwald Mitte/Nord mit 261 Kilometer Länge wartet, und die 2630 Höhenmeter haben es in sich. Zum Glück gibt es viele E-Bike-Tankstellen unterwegs. Wer nicht regelmäßig im Training ist, der sollte auf die Strecke ein Pedelec mitnehmen. Oder schauen, wie man die schwierigsten Passagen vielleicht doch mit dem Bus oder Zug bewältigt. Man muss ja nicht alles auf einmal abradeln.

Das Plätschern der Kinzig

Die ersten 150 Kilometer sind jedoch kein wirkliches Problem. Wem der Radweg bald irgendwie bekannt vorkommt, weil er schon auf der Kinzigroute unterwegs war, der liegt genau richtig: Zwischen Loßburg und Offenburg entspricht der Naturpark-Radweg exakt dem Kinzigtal-Radweg. Zwischen dunklen Tannen saust man dahin, lauscht dem Plätschern des Flusses, der mit jedem Kilometer etwas größer wird. In **Alpirsbach** ❶ passiert man nicht nur ein Kloster, sondern auch eine der bekanntesten Brauereien des Schwarzwalds. Das Bier heißt natürlich Alpirsbacher Klosterbräu und kann selbstverständlich auch in Form eines Radlers genossen werden, wahlweise sogar alkoholfrei.

Ab Schiltach wird das Kinzigtal belebter. Die Landschaft ist schön und weitläufig, mit saftig grünen Wiesen und alten Bauernhäusern. Wer Zeit hat, macht einen Abstecher zum **Freilichtmuseum Vogtsbauernhof** ❷ bei Gutach und genießt den Schwarzwald, wie er einmal war, ganz ohne die vielen Straßen und Autos, die man im Kinzigtal heute leider auch vom Radweg aus sehr deutlich hört. Aber der Naturpark Schwarzwald Mitte/Nord ist einer der größten Naturparks in Deutschland und bietet viele stille Ecken. Im Grunde umfasst er den gesamten Nördlichen und Teile des Mittleren Schwarzwaldes. Das 3700 Quadratkilometer große Areal reicht von Karlsruhe im Norden bis Haslach im Süden und von Calw im Osten bis Offenburg im Westen. Der Radweg deckt einen Gutteil davon ab und zeigt die enorme Vielfalt, die dieser Landstrich zu bieten hat.

Ab **Gengenbach** ❸ tauchen nun immer öfter Weintrauben an den Hängen auf. Das Rheintal naht und mit ihm ein Klima, das spürbar wärmer ist als oben in Freudenstadt. Ab und an läuft der Rheintal-Radweg begleitend in der Nähe, doch der Naturpark-Radweg hat bis Ettlingen seine ganz eigene Route und führt immer dicht an den Schwarzwaldhängen entlang, mit all den Köstlichkeiten, die diese Kulturlandschaft zu bieten hat. Hier finden Bauernmärkte und Hoffeste statt, unterstützt von Wirten, die sich auf ihren Speisekarten regionalen Gerichten verschrieben haben. Man sollte sie nicht links liegen lassen und mit dem Rad zum Beispiel der Bauernmarktscheune in Berghaupten einen Besuch abstatten. Wie das Brot duftet und der Räucherschinken schmeckt!

Derart gestärkt geht es nun nach Norden. Die Strecke ist gut beschildert, man kann sie in beide Richtungen fahren und immer wieder mal auch eine Bahn

Kleinstadt mit Charme: Gengenbach liegt am Übergang von Schwarzwald und Rheingraben.

besteigen, wenn es zu viel wird. Der Rhein bleibt auf Abstand, die B3 und die Autobahn A5 bleiben es zum Glück auch. So fährt man entlang der badischen Weinberge und Dörfer, passiert Achern und **Bühl** ❹, Gaggenau und Malsch, ehe in Ettlingen der Großraum Karlsruhe erreicht ist.

Brauerei im Kino

Das Erste, was man von Ettlingen mitbekommt, ist Ettlingenweier, ein vorgelagerter Stadtteil mit Fachwerkhäusern und Streuobstwiesen am Ortsrand. Hier grasen Pferde auf den Weiden, Ziegen meckern und Schafe blöken, eine Idylle inmitten des dicht besiedelten Landstrichs. Doch auch Ettlingen selbst überrascht. Ist man erst mal durch seinen Speckgürtel hin-

Herbststimmung in den Straßen von Ettlingen (unten) und seinem Stadtteil Ettlingenweier.

durchgeradelt, offenbart sich eine Altstadt mit vielen Straßencafés, kleinen Läden und Restaurants. Zwei besonders bemerkenswerte liegen direkt nebeneinander: der mit einem Michelin-Stern geadelte „Erbprinz“ und die Hausbrauerei Vogel. In einem alten Kinosaal braut Rudi Vogel sein naturtrübes Bier, vor 30 Jahren war er ein Pionier der Gasthausbrauerei-Szene. Inzwischen hat er drei Niederlassungen und organisiert immer wieder Radtouren zwischen seinen Brauhäusern in Karlsruhe, Durlach und Ettlingen.

Ettlingen liegt an der Alb, ein kleiner Fluss, nicht zu verwechseln mit jenem Mittelgebirge, das das Schwäbische im Namen trägt. Hier radelt man noch über altbadischen Grund, erst ab Bad Herrenalb geht das Albtal ins Württembergische über. Der Naturpark-Radweg führt durch **Marxzell** ❺, vorbei an jenem kuriosen Fahrzeugmuseum, das vom Moped bis zur Straßenbahn alles versammelt, was Räder hat. Anschließend geht es steil bergauf und man muss sämtliche Höhenmeter wieder reinholen, die man zwischen Freudenstadt und dem Rheingraben in großer Zahl verloren hat. Die Radler folgen einfach der Hinweistafel mit dem schwarz-grün-blauen Auge. Es ist das Zeichen dieses Naturparks, ein Symbol für seine Wälder, Wiesen und Karseen.

In Straubenhardt-Langenalb steht einem schon mächtig der Schweiß auf der Stirn. Es wird Zeit für eine Rast und einen Blick auf die prachtvolle Marienkirche, die noch von einem echten Kirchhof umgeben wird. Nun steht der härteste Teil der Übung bevor. Der Aufstieg vom Enztal auf die Schwarzwaldhöhen, auf den Kamm des Gebirges im Norden, das sich bis über 1000 Meter gen Himmel schraubt. Bekannte Kurorte passiert man hier, zum Beispiel Bad Wildbad, wo im historischen Ambiente des Palais Thermal Entspannung auf müde Radlerbeine wartet. Eine große Attraktion ist dort auch der **Baumwipfelpfad** ❻, der einen Blick in die Tannenspitzen erlaubt und über die weiten Wälder der Umgebung.

Mystische Moorseen

Dann geht es Meter für Meter den Berg hinauf. Am Infozentrum in **Kaltenbronn** ❼ sind schon 860 Höhenmeter erreicht und die Wälder so weitläufig, dass sich darin auch der Auerhahn wohlfühlt. Kaum irgendwo in Deutschland ist der Wald so dicht wie im Nordschwarzwald, unterbrochen nur von den mystischen Augen der Moorseen, von denen es gleich zwei in der Nähe von Kaltenbronn gibt. Die Auerhühner essen gerne Heidelbeeren, und die Menschen auch.

Überragend: Auf dem Baumwipfelpfad in Bad Wildbad behält man den Überblick.

Die Letzteren vor allem, wenn die Beeren, wie in der Grünhütte zwischen Bad Wildbad und Kaltenbronn, in einem Pfannkuchen serviert werden. Die Waldhütte ist seit vielen Jahren ein Renner, der Baumwipfelpfad aber eine neuere Errungenschaft, die die Besucher ebenfalls in Scharen anlockt.

Der Naturpark-Radweg hat nun allmählich seinen Höhepunkt überschritten. Auf den letzten Kilometern gibt es noch einmal ein sanftes Gefälle, und irgendwann ist Freudenstadt wieder in Sicht. Hier schließt sich der Kreis nach stolzen 261 Kilometern, für die man Zeit einplanen muss, wenn man sie wirklich an einem Stück machen will.

In Freudenstadt könnte man den Murgtal-Radweg (Tour de Murg) wählen und würde schließlich in Gaggenau wieder auf den Naturpark-Radweg stoßen. Am Ende führen fast alle Wege im Nordschwarzwald auf ihn zurück. Er ist das große Band, das alles verbindet, eine abwechslungsreiche Rundtour mit einer enormen Vielfalt, die die Mühe allemal wert ist.

Mountainbiken im Albtal
Downhill-Erlebnis

Am Ettlinger Edelberg gibt es ein Downhill-Gelände für Mountainbiker. Eine rasante Waldpiste, die grundsätzlich kostenlos nutzbar ist. Betreiber ist der Mountainbike Club Karlsruhe. www.mtb-karlsruhe.de
Fahrtechnik und MTB-Touren: Geführte Mountainbiketouren im Albtal und Fahrtechniktraining für Einsteiger haben die Veranstalter Beitune und Trailskills im Programm. www.beitune.de, www.trailskills.de
Karte: Zahlreiche Tourentipps auch für Mountainbiker beinhaltet die kostenlose Broschüre „ALBTAL.Biken", erhältlich bei den Tourist-Informationen sowie bei der Tourismusgemeinschaft Albtal Plus. www.albtal-tourismus.de

Naturerlebnis: Mit dem Fahrrad mitten durch den Schwarzwald.

NATURPARK-RADWEG
SCHWARZWALD
MITTE/NORD

0
10 km
FRANKREICH
Ettlingen
Malsch
Rastatt
Marxzell 5
Gaggenau
Gernsbach
Baden-Baden
Baumwipfelpfad 6
Bad Wildbad
7 Kaltenbronn/Wildsee
Bühl
Rhein
Rheinau-Freistett
4 Bühlertal Naturpark-Info
Achern
SCHWARZWALD
Oberkirch
Offenburg
Freudenstadt
3 Altstadt Gengenbach
Kloster Alpirsbach 1
Wolfach
Kinzig
Oberndorf am Neckar
2 Vogtsbauernhof

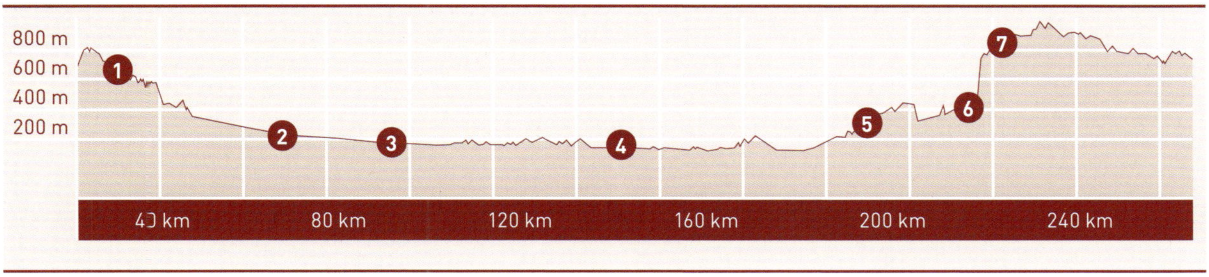
800 m
600 m
400 m
200 m
40 km
80 km
120 km
160 km
200 km
240 km

Bier, Barock und Bike-Genuss

Unterwegs auf dem Oberschwaben-Allgäu-Radweg

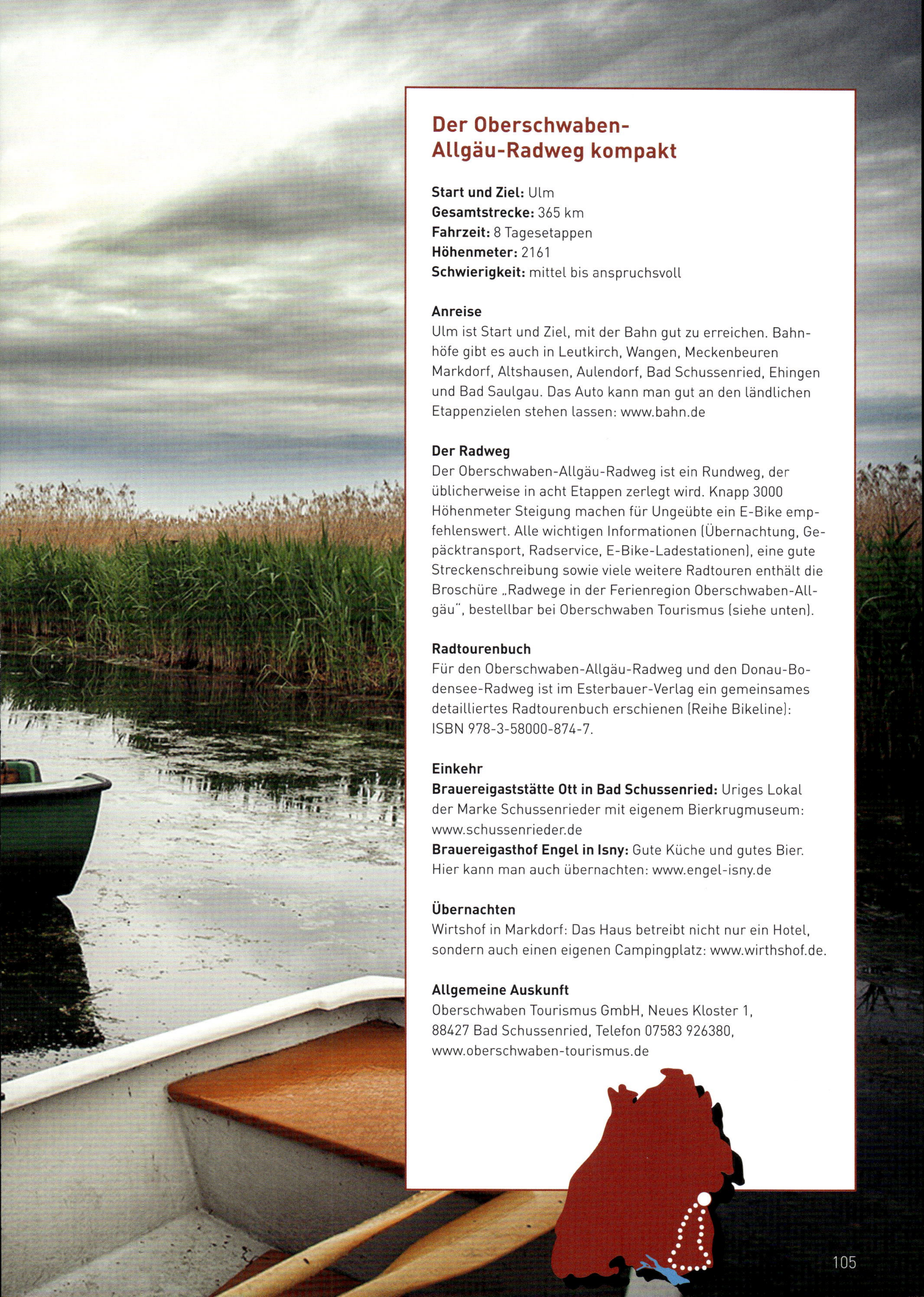

Der Oberschwaben-Allgäu-Radweg kompakt

Start und Ziel: Ulm
Gesamtstrecke: 365 km
Fahrzeit: 8 Tagesetappen
Höhenmeter: 2161
Schwierigkeit: mittel bis anspruchsvoll

Anreise
Ulm ist Start und Ziel, mit der Bahn gut zu erreichen. Bahnhöfe gibt es auch in Leutkirch, Wangen, Meckenbeuren Markdorf, Altshausen, Aulendorf, Bad Schussenried, Ehingen und Bad Saulgau. Das Auto kann man gut an den ländlichen Etappenzielen stehen lassen: www.bahn.de

Der Radweg
Der Oberschwaben-Allgäu-Radweg ist ein Rundweg, der üblicherweise in acht Etappen zerlegt wird. Knapp 3000 Höhenmeter Steigung machen für Ungeübte ein E-Bike empfehlenswert. Alle wichtigen Informationen (Übernachtung, Gepäcktransport, Radservice, E-Bike-Ladestationen), eine gute Streckenschreibung sowie viele weitere Radtouren enthält die Broschüre „Radwege in der Ferienregion Oberschwaben-Allgäu", bestellbar bei Oberschwaben Tourismus (siehe unten).

Radtourenbuch
Für den Oberschwaben-Allgäu-Radweg und den Donau-Bodensee-Radweg ist im Esterbauer-Verlag ein gemeinsames detailliertes Radtourenbuch erschienen (Reihe Bikeline): ISBN 978-3-58000-874-7.

Einkehr
Brauereigaststätte Ott in Bad Schussenried: Uriges Lokal der Marke Schussenrieder mit eigenem Bierkrugmuseum: www.schussenrieder.de
Brauereigasthof Engel in Isny: Gute Küche und gutes Bier. Hier kann man auch übernachten: www.engel-isny.de

Übernachten
Wirtshof in Markdorf: Das Haus betreibt nicht nur ein Hotel, sondern auch einen eigenen Campingplatz: www.wirthshof.de.

Allgemeine Auskunft
Oberschwaben Tourismus GmbH, Neues Kloster 1,
88427 Bad Schussenried, Telefon 07583 926380,
www.oberschwaben-tourismus.de

Radweg mit Aussicht: Auf dem Oberschwaben-Allgäu-Radweg hat man nicht nur die Alpen im Blick.

Ausgedehnte Moore, Barockkirchen, Bier und Alpenpanorama: Der Oberschwaben-Allgäu-Radweg vereint alles, was dieser wunderbare Landstrich zu bieten hat, in einer einzigen großen Radtour.

Die Ringelnatter streckt ihren Kopf aus dem Gras, genießt das Sonnenbad zwischen Tautropfen und feuchtgrünen Torfmoosen. Hier am **Federsee** ❻ kann man sie mit etwas Glück beobachten. Lernen, dass sie ganz harmlos ist und dass sie dort, wo es noch ein richtiges Moor gibt, besonders häufig vorkommt. Am gelben Halbmond hinter ihrem Kopf kann man sie leicht erkennen.

Es lohnt sich, am Federsee sein Fahrrad abzustellen, über den Bohlenweg zu gehen und die Weite der Natur zu genießen. Der zweitgrößte See in Baden-Württemberg ist ein riesiges Naturschutzgebiet, umgeben von einem der wenigen noch intakten Moore in Süddeutschland. Zugvögel und Amphibien finden hier ihr Paradies, ebenso wie die Menschen, die sich ein paar ausgedehnte Augenblicke auf die Natur einlassen.

Paradies für Mensch und Natur

Der Federsee ist eines von mehreren Moorgebieten, die den Radweg säumen. Schon am Anfang der Tour, bald nach dem majestätischen **Kloster Ochsenhausen** ❶, hat man die malerischen Wassergräben des **Wurzacher Rieds** ❷ passiert, ist mit dem leisen Quaken der Teichfrösche im Ohr durch die grünen Auen geglitten. Später, bei Wilhelmsdorf, wird noch das Pfrunger Ried darauf warten, entdeckt zu werden. Eine Fülle von Sumpfgebieten, über die man nur staunen kann und die an vielen anderen Stellen des Landes längst Vergangenheit sind.

Wer auf dem Oberschwaben-Allgäu-Radweg unterwegs ist, lernt die Region in ihrer ganzen Breite und Weite kennen. Eine Radtour mit 365 Kilometern Länge, die von Ulm in Richtung Allgäu und Boden-

Mönche und Moorgebiete: das Kloster Ochsenhausen (oben) und das Wurzacher Ried.

see führt und von dort in einer weiten Schleife zum Ausgangspunkt zurückkehrt. Mit vier ADFC-Sternen wurde sie ausgezeichnet, zerlegt in acht Etappen eine perfekte Tour für etwas mehr als eine Woche.

Bestes Alpenpanorama

Man kann sie am Stück radeln oder abschnittsweise, sie mit anderen Radwegen kombinieren oder sich einfach nur ihre schönsten Stellen herauspicken. Ein dichtes Netz von fahrradfreundlichen Unterkünften liegt an der Strecke, manche von ihnen übernehmen sogar den Gepäcktransport.

Das ist besonders dort praktisch, wo es den Berg hinaufgeht. Es steigt zuweilen schon ganz ordentlich an in dieser welligen Landschaft, die den Alpen vorgelagert ist. Man muss sie sich ein wenig erarbeiten, ihre malerischen Hügel mit Muskelkraft erklimmen oder mit Hilfe eines Pedelecs. Das E-Bike ist ein Segen für all die, die bisher um Berge einen Bogen machten – und die nur staunen können, was ihnen zuvor alles entgangen ist.

Kurz vor Leutkirch geht der Himmel auf, zeichnen sich am Horizont die Schweizer Alpen ab, deren Zacken wie eine Krone über dieser majestätischen Landschaft liegen. Das Allgäu ist erreicht! Viele verbinden es nur mit Bayern, doch sein westlicher Teil ist ganz und gar oberschwäbisch-württembergisch.

Stadt, Land, Schloss: Unterwegs mit der ganzen Familie in Leutkirch und Umgebung.

Duftende Wiesenkräuter

Nun muht es überall am Radwegesrand, duftet es nach frisch gemähtem Gras und würzigen Wiesenkräutern. Die Bauern tuckern mit ihren Traktoren über die Wiese, und Sennereien laden zu einer Verkostung ein. Bei **Isny** ❸ berührt die Allgäuer Käsestraße den Radweg, und im Idealfall natürlich auch ein Käse den Gaumen. Eine ideale Wegzehrung für unterwegs auf einer Tour, die es kulinarisch ohnehin gut meint mit ihren Absolventen.

Zünftige Käsespätzle warten auf dem Teller, hausgemachte Bratwürste, Dinnete oder Krautkrapfen. Und dann natürlich das Bier! Eine Vielzahl von Brauereien liegen am Weg sowie natürlich die dazugehörigen Brauereiwirtschaften, die nicht nur Radler bewirten, sondern auch Radler auf der Karte haben.

Naturtrübes Museumsbier

In der **Schussenrieder Brauerei Ott** ❺ waren sie einst die Vorreiter des naturtrüben Bieres. Noch bevor überall „Keller" und „Zwickel" in Mode kamen, füllte man dort sein Museumsbier in Flaschen ab. In Schussenried kennt man sich überdies mit den Trinkgefäßen bestens aus: In einem hauseigenen Bierkrugmuseum werden Humpen aus verschiedenen Jahrhunderten und Teilen dieser Welt präsentiert.

Lust auf Bier hat schon Etappe vier durch die **Tettnanger Hopfengärten** ❹ gemacht. Meterhoch wuchern die Ranken, bis sie im August abgeerntet und getrocknet als einer der besten Hopfen Deutschlands vermarktet werden. Weltweit wird der Tettnanger Aromahopfen geschätzt, in einem Museumsbetrieb kann man seine Entstehung und Verarbeitung genau verfolgen.

In Tettnang ist man dann auch dem Bodensee schon sehr nah. Immer mal wieder lugt seine große blaue Wasseroberfläche zwischen den grünen Hügeln hervor. Nun ist es nur noch einen Katzensprung bis zum Wasser. Wer einen Abstecher machen will, kann in Wangen auf den Donau-Bodensee-Radweg wechseln.

Der Rest macht sich in Markdorf nun wieder auf die Rückreise. Kurs Richtung Norden! Mit jedem Radkilometer lässt man ein wenig Alltag zurück, die dicht besiedelte Welt der Ballungsräume, sie ist in Oberschwaben weit weg. Der Radweg verläuft auf schwach befahrenen Nebenstraßen, ausgedehnten Feld- und Waldwegen. Zumeist sind sie asphaltiert und breit genug, dass man auch zu zweit nebeneinander herfahren kann.

Uralte Glaubenstraditionen

Man nimmt sich am besten viel Zeit für die Strecke. Macht Station in den kleinen Dörfern und Städten, die den Radweg säumen: Ochsenhausen, Leutkirch, Isny, Wangen, Aulendorf – die Liste ließe sich beliebig weiterführen. Fast überall hat sich die historische Bausubstanz erhalten, zieren Treppengiebel die Rathäuser und Zwiebeltürme den Kirchturm.

Es ist ein Land mit vielen Heiligen, tief durchdrungen von den alten Glaubenstraditionen. In Ochsenhausen erzählt eine alte Reichsabtei von der einst prachtvollen klösterlichen Vergangenheit, in Schussenried ein alter Bibliothekssaal von den Schätzen der frühen Schriftlichkeit. Auf dem Bussen, dem hei-

Zwiebeln auf dem Kirchturmdach: Die alte Reichsstadt Isny hat ihr historisches Erscheinungsbild bewahrt.

Tettnang: Sein Schloss (unten) ist landesweit bekannt, sein Aroma-Hopfen sogar weltberühmt.

ligen Berg, treffen sich noch heute die Wallfahrer und Wallfahrerinnen, und in Wilhelmsdorf hat eine Brüdergemeinde ihre ganz eigene evangelische Geschichte in einem ansonsten überwiegend katholisch geprägten Landstrich geschrieben.

Auf dem Oberschwaben-Allgäu-Radweg lernt man die Seele dieser Landschaft kennen. Wer nicht eilt, sondern verweilt, wird den Menschen und ihrer Kultur näherkommen. Sie unterhalten sich gerne, sprechen vielfach noch ganz urwüchsigen Dialekt und füllen dem durstigen Radfahrer die Wasserflasche auf, wenn er nur freundlich danach fragt.

Entspannung im Moorbad

Das Moor hat diese Landschaft in vielfacher Hinsicht geprägt. So wie die kleine Ringelnatter gerne ein Sonnenbad nimmt, können Radfahrer in eines der Moorbäder eintauchen, sich in Schlamm verpacken lassen oder einfach nur das Thermalwasser aus der Tiefe genießen.

365 Kilometer Oberschwaben: Danach weiß man, was man geleistet hat – und wie vielfältig und groß diese Region ist. Es ist ein Landstrich für Entdecker und stille Genießer, die vom Massentourismus die Nase voll haben und stattdessen lieber dort unterwegs sind, wo sich die Einheimischen noch freuen, wenn ein paar Radler klingelnd an ihrer Haustür vorbeifahren.

Sehenswert

Bierkulturstadt Ehingen
Die Bierkulturstadt Ehingen an der Donau ist einen Stopp wert. Besonders gemütlich ist der Brauereigasthof Berg im gleichnamigen Ortsteil (Ehingen-Berg) mit seinem schönen großen Biergarten: https://bierkulturstadt.ehingen.de, www.bergbier.de

Tettnang Hopfenmuseum 4
Das Hopfengut No20 bei Tettnang ist sowohl ein produzierender Betrieb als auch ein Museum für Besucher. Man erfährt viel über eines der wichtigsten Hopfenanbaugebiete in Deutschland und kann auf einer Plattform in die Hopfenranken hineinspazieren: www.hopfengut.de

Museumsdorf Kürnbach
Im Oberschwäbischen Museumsdorf Kürnbach sind alte Bauernhäuser und Haustierrassen zu sehen. Es gibt viele Sonderveranstaltungen und Aktionen: www.museumsdorf-kuernbach.de

Federseemoor 6
Der Radweg führt in einem Bogen um den Federsee herum. Der Bohlenweg ist für Radfahrer gesperrt. Es gibt ein NABU-Naturschutzzentrum und ein Museum über die prähistorischen Pfahlbauten: www.federseemuseum.de, www.nabu-federsee.de

Oberschwaben-Allgäu-Weg
0
10 km
Münsingen
Blaubeuren
Ulm
Ehingen (Donau)
Donau
Laupheim
Iller
Federsee
Biberach an der Riß
Donau
Kloster Ochsenhausen
Bierkrugmuseum Bad Schussenried
Bad Saulgau
Museumsdorf Kürnbach
Wurzacher Ried
Bad Waldsee
Bad Wurzach
Weingarten
Ravensburg
Markdorf
Hopfenmuseum Tettnang
Wangen im Allgäu
Isny
Käsestraße
Friedrichshafen
Tettnang

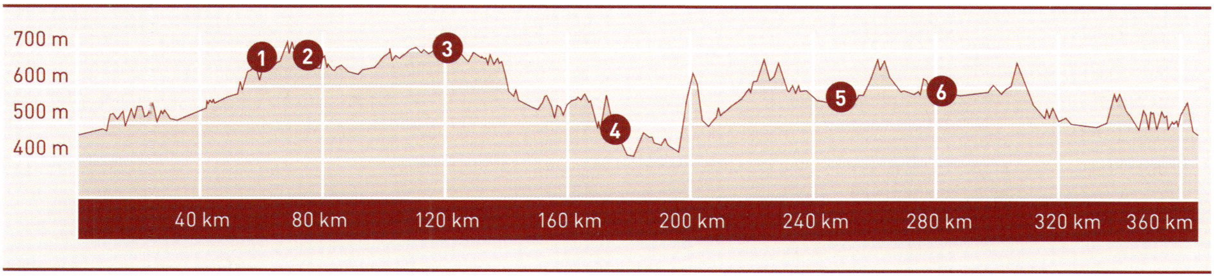
700 m
600 m
500 m
400 m
40 km
80 km
120 km
160 km
200 km
240 km
280 km
320 km
360 km

Die grünen Seiten der Großstadt

Auf der NaturRADtour Karlsruhe entdecken

Die NaturRADtour kompakt

Start und Ziel: Hardtwald (Nähe Schloss)
Gesamtstrecke: 48 km
Fahrzeit: Tagestour
Höhenmeter: 100
Schwierigkeit: leicht

Anreise
Karlsruhe ist mit der Bahn zu erreichen, der Hauptbahnhof liegt in der Nähe des Oberwalds, so dass man die Radtour auch dort beginnen kann. Mit dem Auto findet man zum Beispiel am Hauptfriedhof Parkmöglichkeiten: www.bahn.de

Die Radtour
Die 48 Kilometer lange Strecke ist komplett steigungsfrei, führt aber auch durch Wohngebiete. Immer dem Symbol mit den drei grünen Laubblättern folgen. Kurz nach dem Rheinhafen die Abzweigung Richtung Naturschutzzentrum Rappenwört nicht verpassen. Man kann auch eine längere Variante über Ettlingen wählen (NaturRADtour Karlsruhe und Region, 65 Kilometer), die allerdings nicht beschildert ist, sondern nur auf der Karte verzeichnet.

Karte
Ein wichtiger Wegbegleiter ist die kostenlose Karte „Karlsruhe NaturRADtour", die von der Stadt in Kooperation mit dem ADFC herausgegeben wurde. Sie beinhaltet auch Übernachtungstipps (Bett und Bike), Werkstätten und Adressen für Fahrradverleihstationen. Erhältlich bei der Tourist-Information am Karlsruher Hauptbahnhof und in der Innenstadt: Telefon 0721 37205383, www.karlsruhe-tourismus.de.

Einkehr
Brauhaus 2.0 in Knielingen: Große neue Brauereigaststätte, die hausgebrautes Bio-Bier ausschenkt. Auch bei den Speisen wird auf Nachhaltigkeit geachtet: www.brauhaus-20.de
Kühler Krug: Brauereigaststätte am Albufer mit großem Biergarten. Kinderspielplatz direkt daneben: www.brauhaus-karlsruhe.com
Brauhäuser Vogel in Durlach und Karlsruhe: Pionier der Gasthausbrauszene. Saisonale naturtrübe Biere und deftige Speisen, es gibt eine weitere Filiale im alten Kinosaal in Ettlingen: www.vogelbraeu.de
Hofgut Maxau am Rhein: Idyllisch am Rhein gelegenes Ausflugslokal mit vielen Sitzplätzen im Freien. Badische, elsässische und Pfälzer Spezialitäten: www.hofgut-hofladen.de

Allgemeine Auskunft
Tourist-Information Karlsruhe, Kaiserstraße 72–74, 76133 Karlsuhe, Telefon 0721 602997580, www.karlsruhe-tourismus.de

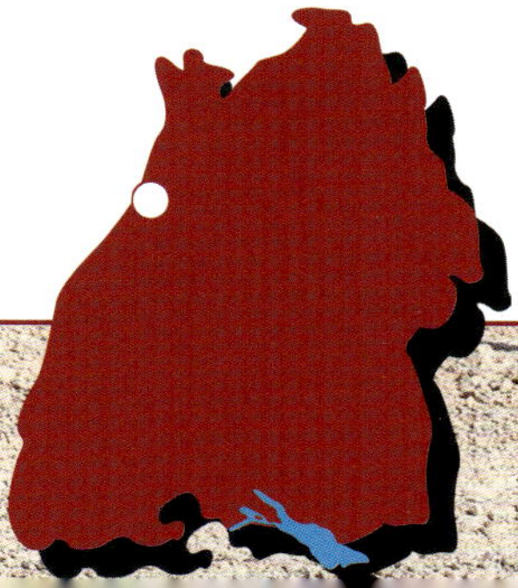

Badische Flagge auf dem Dach der alten Residenz: Das Schloss ist der Mittelpunkt der Fächerstadt Karlsruhe.

Mit dem Rad durch die Großstadt: Auf der 48 Kilometer langen NaturRAD-tour lernt man die badische Metropole Karlsruhe von einer ganz neuen Seite kennen. Sie ist ausgesprochen grün und voller netter Überraschungen.

Summ, summ, summ, Bienchen summ herum. Mitten im Hardtwald stehen die Wabenkästen des Bienenzüchtervereins Karlsruhe. Eine Insel der Natur unweit des dicht bebauten Zentrums der badischen Residenzstadt. Gerade einmal zwei Kilometer sind es von hier zum **Schloss** ❶, in gut fünf Minuten hat man es mit dem Fahrrad erreicht.

Der Hardtwald mit der Bienenweide ist Teil der knapp 50 Kilometer langen NaturRADtour durch Karlsruhe. Zum 200-jährigen Jubiläum der Erfindung des Fahrrads 2017 wurde sie beschildert und eröffnet. Es ist eine Strecke für gemütliche Radfahrer und für solche, die Lust haben, eine Stadt von einer ganz neuen Seite zu entdecken.

Mitten durch den Schlossgarten

Diese Seite ist ausgesprochen grün, viel grüner, als die meisten sich die Großstadt Karlsruhe mit ihren ausgedehnten Industrieanlagen am Rhein vorstellen können. Doch die NaturRADtour führt elegant um sie herum, verbindet gezielt die zahlreichen Oasen, die es zwischen den Häusern und Straßenzügen gibt.

Ein grünes Symbol mit drei Laubblättern weist den Weg, der laut Plan im Hardtwald hinter dem Schloss beginnt, aber im Grunde überall begonnen und beendet werden kann. Mit dem Rad kommt man in Windeseile voran, darf dort fahren, wo viele Autofahrer es nicht dürfen, findet immer wieder Fahrradstraßen entlang der Hauptverkehrswege.

Der Schlossgarten ist für Radfahrer freigegeben. Von Norden her passieren sie das Tor und fahren entlang des Parkteiches auf das leuchtend gelbe Gebäude zu, auf dessen Dach die badische Flagge weht. Es ist eine ganz eigene Art, sich der einstigen Residenz der Markgrafen und Großherzöge zu nähern. Auf dem Reißbrett ließen sie sich eine Stadt entwerfen, deren Straßen sternförmig aufs Schloss zuliefen.

Inseln der Großstadt: der Botanische Garten (oben), das Hofgut Maxau (links) und der Radweg entlang des Rheinufers.

Drais war ein Karlsruher

Das Fahrrad hatten sie dabei noch nicht im Sinn. Es war ein Karlsruher, Freiherr von Drais, der es 1817, rund 100 Jahre nach dem Schlossbau, erfand. Ursprünglich war es ein Laufrad ohne Pedale, die Beine berührten bei der Fortbewegung den Boden. Seine erste topfebene Teststrecke ging durch Mannheim, doch hätte er vermutlich auch an Karlsruhe und der flachen NaturRADtour seine Freude gehabt.

An den Brunnen und Fontänen des Schlosses kann man sich erfrischen, einen kleinen Abstecher ins nahe Zentrum machen oder gleich zurückkehren zur Strecke, die nun weiter durch die Karlsruher Nordstadt führt.

Biotop auf dem Alten Flugplatz

Plötzlich steht man inmitten einer Heidelandschaft: der **Alte Flugplatz** ❷ mit seinem Silber- und Borstgrasrasen ist heute Lebensraum für 330 Farn- und Blütenpflanzen. Vor dem Zweiten Weltkrieg gingen hier Linienmaschinen in die Luft, danach nutzten die Amerikaner die Fläche für militärische Zwecke, heute ist sie ein Naturschutzgebiet mit einem Fahrradweg in der Mitte.

Danach ist es zum Rhein nicht mehr weit. In Knielingen führt der Weg durch ein Neubaugebiet, vorbei am Gasthof „Brauhaus 2.0“, weiter zu den Resten der alten Auenlandschaften, die heute streng geschützt sind. Plötzlich ist er da, der Rhein, der Fluss aller

Flüsse, in einem riesigen Bett, das ihm im 19. Jahrhundert von Johann Gottfried Tulla und seinen Ingenieuren bereitet wurde.

Ein Nebenprodukt der Rheinbegradigung und der damit verbundenen Landgewinnung ist das **Hofgut Maxau** ❸, das heute auch eine Gastronomie und einen Biergarten beherbergt. Hier kann man herrlich rasten und einkehren oder ein wenig am Rheinufer spazieren gehen, das zwischen den Raffinerien im Norden und den Hafenanlagen im Süden ganz der Natur und den Naturgenießern gehört.

Die letzten Meter der Alb

Der Rheinhafen ist der einzige Ort, an dem man etwas aufpassen muss. Die Beschilderung der NaturRADtour ist insgesamt zwar vorbildlich, doch im Dschungel der Großstadt gibt es so viele Wegweiser, dass die kleinen mitunter übersehen werden. Es wäre schade, wenn man deshalb ausgerechnet den südwestlichen Teil der Tour verpassen würde. Denn hier plätschert ein Flüsschen durch die Großstadt, das im Nordschwarzwald seinen Ursprung hat: die Alb. Im Süden von Karlsruhe legt sie ihre letzten Kilometer zurück, bevor sie schließlich unweit davon in den Rhein mündet.

Lange war sie ein Stiefkind, immer wieder begradigt und verlegt, doch längst ist aus dem kleinen Nebenfluss ein großes Naturerlebnis geworden, das man entlang der Radstrecke auch ausführlich genießen kann. Gleich hinter dem Naturschutzzentrum Rappenwört geht es los. In der Nähe der Appenmühle haben sich Teile des alten Flussbettes der Alb erhalten. Die Ufer sind gesäumt von Kleingartenanlagen, alten Bäumen und lauschigen Schattenwegen. **Albgrün** ❹ heißt diese Ecke, die ihrem Namen alle Ehre macht. An heißen Tagen schwimmen Kinder und Erwachsene in der Alb, Kilometer um Kilometer wird der kleine Fluss nun renaturiert. Radfahrer können sich hier treiben lassen, die Ruhe abseits des Verkehrs genießen. Zuweilen vergisst man völlig, dass dies ja eine Stadt mit großen Straßen ist. Das trifft besonders für jene Stelle zu, an der plötzlich eine kleine gelbe Kirche am Wegesrand auftaucht: die Albkapelle. Sie liegt in einer malerischen Flussschleife und hätte nicht besser platziert werden können. Dabei stand sie ursprünglich gar nicht dort, sondern war die katholische Kirche des Ortsteils Grünwinkel. Als Anfang des 20. Jahrhunderts neu gebaut wurde, war die Kapelle überflüssig. Doch statt sie abzureißen, versetzte man sie ans Flussufer. Seither trägt sie den Titel Albkapelle, auch wenn ihr offizieller Name „Maria-Hilf-Kapelle“ lautet..

Außenstelle des Zoos

Das Schöne an der NaturRADtour durch Karlsruhe ist, dass man sie problemlos abkürzen kann. Von der Alb zum Schloss sind es nur wenige Kilometer. Wer die Strecke aber zu Ende radeln will, den erwartet nun im **Oberwald** ❺ nochmals ein ausgedehntes Stück Natur, in dem sogar eine Außenstelle des Karlsruher Zoos untergebracht ist. Elche gibt es hier und Hirschziegenantilopen, Kamele, Sikahirsche und Wisente. Man muss nicht einmal Eintritt dafür bezahlen.

Der Oberwald ist noch einmal eine richtige Oase der Natur. Es gibt Naturschutzgebiete wie am Erlach-

Sehenswert

Zoologischer Stadtgarten
Liegt direkt gegenüber dem Hauptbahnhof und beherbergt auf 22 Hektar Fläche 3000 Tiere in 240 Arten. Zu seinen Markenzeichen gehören die kleinen Gondoletta-Boote: www.karlsruhe.de/b3/freizeit/zoo.de

Botanischer Garten
Wenig bekannt, aber durchaus lohnenswert ist der kleine Botanische Garten am Rande des Schlossparks, gleich neben der Kunsthalle. Sein Herzstück sind die originalgetreu restaurierten Gewächshäuser aus dem 19. Jahrhundert: www.botanischer-garten-karlsruhe.de

Badisches Landesmuseum ❶
Das Karlsruher Schloss ist Sitz des Badischen Landesmuseums. Exponate aus 50 000 Jahren Kulturgeschichte werden dort gezeigt: www.landesmuseum.de

Durlach
Älter als Karlsruhe ist der Ortsteil Durlach. Lohnenswert ein Ausflug auf den Turmberg. Im Durlacher Schloss gibt es auch ein Museum für Regionalgeschichte (Pfinzgaumuseum): www.karlsruhe.de/b1/stadtgeschichte/pfinzgaumuseum.de

see, wo man glaubt, fernab der Zivilisation zu sein. Dabei ist der Hauptbahnhof ganz nah.

Auch kurz nach Durlach wird es noch einmal urtümlich, im sogenannten Elfmorgenbruch, wo Erlen und Pappeln tief im Wasser stehen und grüne Pflanzenteppiche die Oberfläche der Bachläufe bedecken.

Genießer nehmen sich für die NaturRADtour durch Karlsruhe am besten einen Tag Zeit. Das lohnt sich, auch weil es entlang der Strecke so viele Einkehrmöglichkeiten gibt. Der „Kühle Krug“ am Albufer zum Beispiel. Oder die Brauhäuser von Vogel und natürlich das Hofgut Maxau am Rhein. Alles ist hier nah beieinander: Stadt, Land und Fluss und eine Vielzahl unterschiedlicher Naturräume, die man bei einer einzigen Radtour durch die Großstadt mit allen Sinnen erleben kann.

Bezauberndes Kleinod: die Albkapelle am Radweg und Flussufer.

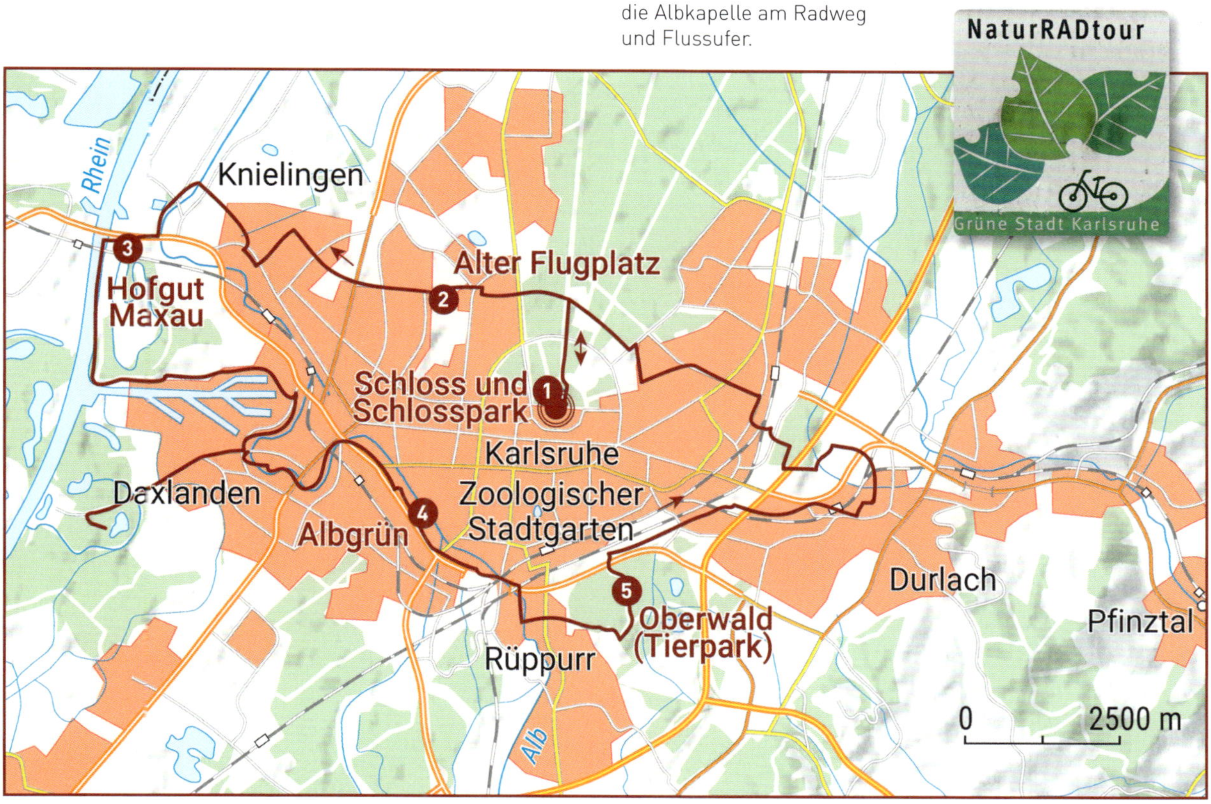

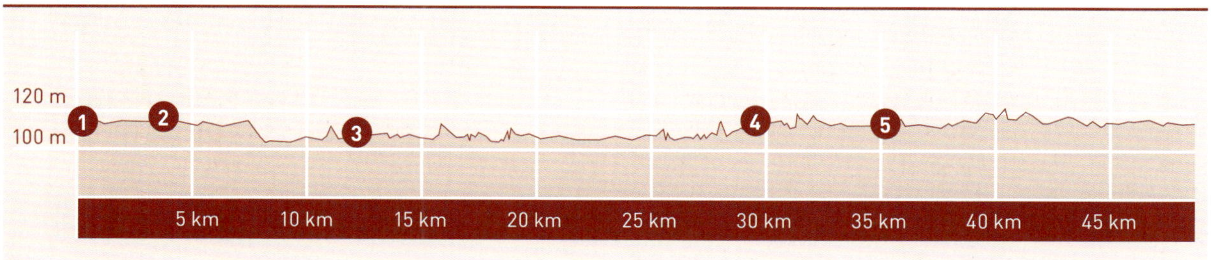

Adeliges Auf und Ab

Der Burgenstraßen-Radweg zwischen Mannheim und Rothenburg

Der Burgenstraßen-Radweg kompakt

Start: Mannheim (Schloss)
Ziel: Rothenburg ob der Tauber, Altstadt
Gesamtstrecke: 260 km (mit Sinsheim-Steinsberg 320 km)
Fahrzeit: 5–7 Tagesetappen
Höhenmeter: 1700 (mit Sinsheim 2100)
Schwierigkeit: mittel

Anreise: Sowohl Mannheim als auch Rothenburg o. d. T. sind gut mit dem Zug zu erreichen, Reisezeit zwischen beiden Städten etwa vier Stunden. Entlang des Neckars und zwischen Heilbronn und Öhringen gibt es ein gutes Netz von Nahverkehrszügen: www.bahn.de

Die Radtour

Der Burgenstraßen-Radweg führt von Mannheim nach Bayreuth. Der baden-württembergische Teil bis (kurz vor) Rothenburg o. d. T. ist 260 Kilometer lang und führt zunächst am Neckar entlang, für den Rest der Tour braucht man Kondition oder ein E-Bike. Die Strecke ist insgesamt gut beschildert, nur die Schleife nach Sinsheim-Weiler (60 Kilometer) weist Markierungslücken auf.

Karte

Der Verein Burgenstraße hat einen neuen ausführlichen Radwanderführer mit dem Titel „Radeln von Burg zu Burg" aufgelegt. Auf 116 Seiten beschreibt er die Gesamtstrecke mit Karten, Einkehr- und Übernachtungstipps. Bestellbar im Online-Shop von www.burgenstrasse.de

E-Bike

Bei „Zweirad Carle" in Öhringen gibt es eine Ladestation für Pedelecs und einen Verleih: www.zweirad-carle.de. Auch „Rad und Tat" in Rothenburg verleiht E-Bikes (www.mietraeder.de), ebenso wie „Rückenwind" in Heidelberg (www.rueckenwind-hd.org)

Einkehr

Zum Roten Ochsen in Heidelberg: Historische Studentenkneipe mit guter Küche und gutem Bier: www.roterochsen.de.
Gutsgaststätte Rappenhof in Weinsberg: Traumhafte Lage, tolle Küche, man kann auch übernachten: www.rappenhof.de.
Mohrenköpfle in Wolpertshausen: Gaststätte der Bäuerlichen Erzeugergemeinschaft Schwäbisch Hall mit großem Regionalmarkt: www.regionalmarkt-hohenlohe.de

Allgemeine Auskunft

Die Burgenstraße, Allee 12, 74072 Heilbronn,
Telefon 07131 9735010, www.burgenstrasse.de

Burg Hornberg am Neckar: Hier lebte 45 Jahre lang der berühmte Götz von Berlichingen.

Radeln von Burg zu Burg und von Berg zu Berg: Der Burgenstraßen-Radweg ist ein hochherrschaftliches Auf und Ab durch den fränkischen Norden Baden-Württembergs, mit der Kurpfalz und Hohenlohe als fürstliche Gastgeber.

Fahrrad fuhr der Kurfürst von der Pfalz sicher nicht. Das liegt auch daran, dass das Rad erst nach der Auflösung der Kurpfalz 1803 erfunden wurde. Seine Wiege jedoch liegt dort, wo die Kurfürsten von der Pfalz einst residierten. Das Mannheimer Schloss war Ausgangspunkt der ersten Radtour, die Freiherr von Drais anno 1817 unternahm.

Es ist auch Ausgangspunkt des Burgenstraßen-Radwegs. Von Mannheim führt er Richtung **Schwetzingen** ❶ weiter, wo sich die Regenten eine Sommerresidenz mit einem prachtvollen Park bauen ließen, der englische und französische Gartenelemente verbindet.

Abstecher nach Schwetzingen

Abgesehen von dem Abstecher nach Schwetzingen folgt der Burgenstraßen-Radweg zunächst dem Neckartal-Radweg. Die ersten 70 Kilometer bis Heilbronn sind Genuss am Fluss. Vorbei an Heidelberg und seiner malerischen Schlossruine geht es in Richtung Neckargemünd weiter.

Seit 16 Generationen im Besitz einer Adelsfamilie: Burg Guttenberg hoch über dem Neckartal.

Hier muss man aufpassen, nicht eine der Burgen am Wegesrand zu verpassen. Ein Adelssitz folgt dem nächsten, hinter jeder Flussbiegung thront ein anderes Gemäuer auf dem Buntsandstein des Odenwalds. In **Neckarsteinach** ❷ gibt es gleich mehrere solcher Bauwerke innerhalb der Gemeindegrenzen. Vier-Burgen-Stadt wird der Ort auch genannt. Er liegt auf der Nordseite des Neckars und gehört bereits zu Hessen.

Weitblick vom Dilsberg

Wer viel Kondition oder Strom übrig hat, lässt auch die Bergfeste Dilsberg nicht aus. Sie überragt das gesamte Umland und ist majestätisch auf einem Hügel platziert. Von ihrem Bergfried aus hat man einen weiten Blick ins Neckartal sowie auf den Fluss, der sich in malerischen Schleifen durch den Odenwald windet. Radler auf dem Burgenstraßen-Radweg fahren entgegen seiner Fließrichtung, mit moderaten Steigungen, die freilich kaum der Rede wert sind. Das ändert sich erst, wenn man in Haßmersheim den Abstecher in Richtung Sinsheim machen möchte. Man muss es sich gut überlegen, ob man das auch wirklich tun sollte: Die Burg Steinsberg ist zwar ein lohnenswertes Ziel, der Weg dorthin aber lang, steil und nicht sonderlich gut ausgeschildert.

Gestatten: von Gemmingen

Stattdessen könnte man einfach die Burgen rund um Haßmersheim genießen. Zwei von ihnen gehören sogar der gleichen Adelsfamilie. Auf **Burg Hornberg** ❸ residiert Dajo von Gemmingen, als Nachfolger des berühmten Götz von Berlichingen, der hier 45 Jahre

Geschichtsträchtiges Neckartal: Die Burg Ehrenberg bei Heinsheim geht bis ins 12. Jahrhundert zurück.

seines Lebens verbrachte und 1562 auch auf dem Hornberg starb.

Burg Guttenberg wiederum ist Eigentum Bernolph von Gemmingens. Seit sage und schreibe 16 Generationen stellt seine Familie den Burgherrn, schon zu Martin Luthers Zeiten weilten die von Gemmingens hier und gewährten zahlreichen Reformatoren Zuflucht. Heute ist Burg Guttenberg eher für ihre Greifvögel bekannt: Täglich zwei Mal sausen Adler, Geier und Eulen über die Köpfe der staunenden Besucher hinweg und ziehen ihre Kreise über dem Neckartal.

„Die Kunst ist", sagt Freiherr Bernolph, „dass sie auch wieder zurückkehren." Doch das tun sie, ebenso wie viele der Besucher, die hier immer wieder zum Wandern, Einkehren oder Rad fahren herkommen. Ein paar Höhenmeter sind es freilich immer, wenn man nicht nur auf dem Burgenstraßen-Radweg unterwegs sein, sondern auch einige der Burgen besichtigen will. Rund 50 säumen den Abschnitt bis Bayreuth, etwa 25 den Weg in Baden-Württemberg.

Adler über dem Neckartal

Zu den bekanntesten gehört die **Burgruine Weibertreu** ❹, die weit sichtbar ganz in der Nähe von Heilbronn auf einem Hügel liegt. Doch auch im Land der Hohenloher finden sich einige Perlen. Wie gut, dass deren Familienmitglieder sich immer mal wieder entzweit haben und ab und an eine neue Residenz brauchten. Als weise Baumeister dachten sie vermutlich auch gleich an die Burgenstraße und ihren Bedarf an Sehenswürdigkeiten.

In **Neuenstein** ❺ zum Beispiel. Ein Wasserschloss wie aus dem Bilderbuch steht dort, umgeben von alten Kastanienbäumen und Efeuranken, die sich um den Eckturm winden. Ein mächtiger Renaissance-Bau, in dem sich heute das Zentralarchiv der

Hohenloher befindet sowie ein Museum, das die Geschichte des Adelsgeschlechtes zeigt.

Schloss Neuenstein liegt etwa in der Mitte des baden-württembergischen Burgenstraßen-Radwegs. Ein idealer Ort zum Verweilen, zumal nun die Steigung in Richtung Waldenburg bevorsteht. Waldenburg thront erhaben auf einem Hügel, der „Balkon Hohenlohes" wird es auch genannt, von hier sieht man kilometerweit in die Landschaft.

Auf dem Balkon Hohenlohes

Der Weg von Neuenstein nach Waldenburg ist wunderbar. Eine Dorfidylle mit Misthaufen und krähenden Hähnen, tuckernden Traktoren und gemächlich plätschernden Bachläufen. Kesselfeld und Obereppach heißen hier die Weiler, an ihren Rändern blühen schneeweiß die Apfel- und Kirschbäume.

Irgendwo hier verlief einst eine Grenze. 1555 teilten die Halbbrüder Ludwig Casimir und Eberhard das Land der Hohenloher auf. Danach gab es zwei Residenzen, die eine in Neuenstein, die andere in Waldenburg, Zentren der Macht ganz dicht beieinander, bis schließlich 1806 die Württemberger mit Napoleons Unterstützung sämtliche Besitzungen des Fürstenhauses einkassierten.

Rund 200 Höhenmeter sind es von Neuenstein bis Waldenburg. Sie werden versüßt durch goldgelbe Rapsfelder, die wie große Teppiche in der Landschaft liegen. „Buckelestour Schiefe Ebene" hat jemand diesen Abschnitt auch genannt und damit zugleich angedeutet, dass die „Hohenloher Ebene" tatsächlich keineswegs so eben ist wie ihr Name verspricht.

Dorfidylle in Goldbach

In Hohenlohe geht es fast immer ein bisschen bergauf oder bergab. Hier braucht man Kondition oder ein E-Bike sowie eine Vorliebe für abgeschiedene Ecken des Landes. In Waldenburg zweigt der Burgenstraßen-Radweg nach links ab Richtung Goldbach. Ein Ort, von dem man noch nie etwas gehört hat und in den man sich sogleich verlieben möchte. Ziegen stehen hier auf der Weide und Ponys, in üppigen Bauerngärten blühen die Blumen in den leuchtendsten Farben.

Die Abfahrt in Richtung Schwäbisch Hall ist ein Traum. Kilometerlang geht es durch einen schattigen Laubwald, über eine Straße, die für den Autoverkehr komplett gesperrt ist. Zum Glück ist alles gut beschildert, das auffällig rote Symbol des Bur-

Entlang von Dörfern und alten Gasthäusern:
Nach Heilbronn wird alles sehr ländlich.

Im Land der Hohenloher: Die Fürsten entzweiten sich und bauten Residenzen in Neuenstein (oben) und Waldenburg.

genstraßen-Radweges geleitet einen sicher durch die Landschaft.

Immer dem roten Schild nach

Eine solide Markierung tut hier wirklich Not. Der zweite Teil des Fernradweges verläuft über weite Strecken abseits der vielbefahrenen Hauptrouten. Radfahrer sieht man hier nur wenige. Die meisten, die im Hohenloher Land unterwegs sind, nehmen die Radwege entlang der Flüsse Kocher und Jagst. Oder sie weichen ins Taubertal aus, wo ebenfalls kaum Höhenmeter zu bewältigen sind.

Ab und an kreuzen sich dann auch die Wege: In Rothenburg ob der Tauber beginnt der Taubertal-Radweg und der bayerische Teil der Burgenstraße. Die Stadt war schon immer ein Treffpunkt, im Mittelalter wie in der Gegenwart.

Sehenswert

Die Burgenstraße

Die Burgenstraße ist eine der geschichtsträchtigsten Ferienstraßen in Deutschland. 1954 gegründet, führte sie zunächst von Mannheim über Heilbronn nach Nürnberg. 1994 wurde sie nach Osten erweitert und bis Prag verlängert. Die Zusammenarbeit mit Tschechien wurde 2017 wieder eingestellt, sodass die Strecke heute in Bayreuth endet. Ihre Gesamtlänge beträgt 770 Kilometer, vor allem im bayerisch-fränkischen Teil finden sich zahlreiche Steigungen. Man kann die Burgenstraße sowohl mit dem Auto als auch mit dem Fahrrad bereisen, die Routen sind separat ausgeschildert. Entlang der Strecke bis Bayreuth liegen knapp 50 Burgen und Schlösser und eine Vielzahl sehenswerter Altstädte.

Burg Guttenberg 3

Von März bis Anfang November gibt es hier Schauvorführungen mit Adlern, Eulen und Geiern. Spektakulär, wie die Tiere über das Neckartal bei Haßmersheim fliegen und über die Köpfe der Besucher hinwegsausen. Auch die Burgschenke ist empfehlenswert: www.burg-guttenberg.de

Burg Steinsberg

Wer den Abstecher vom Neckar in Richtung Sinsheim macht, trifft auf die Burgruine Steinsberg im Ortsteil Weiler. Der Blick von ihrem Bergfried ist beeindruckend, die Burg liegt weithin sichtbar auf einem Hügel zwischen den Weinbergen und wird auch als „Kompass des Kraichgaus" bezeichnet: www.burg-steinsberg.de

Freilandmuseum Wackershofen

Das bei Schwäbisch Hall direkt am Radweg gelegene Freilandmuseum zeigt das bäuerliche Leben im Norden Baden-Württembergs. Veranstaltungshöhepunkte sind der Käsemarkt im Mai und das Schlachtfest am Saisonende: www.wackershofen.de

Burgenstraße

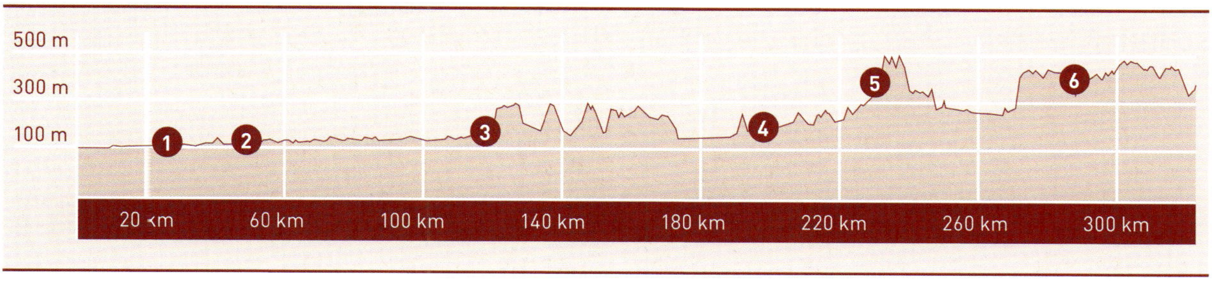

Pedal und Poesie

Unterwegs auf dem Schiller-Radweg in Marbach

Der Schiller-Radweg kompakt

Start und Ziel: Marbach am Neckar
Gesamtstrecke: 30 km
Höhenmeter: 291
Fahrzeit: gemütliche Tagestour
Schwierigkeit: leicht bis mittel

Anreise
Marbach ist Teil des Stuttgarter S-Bahnnetzes, Ludwigsburg und Freiberg ebenfalls. Mit dem Auto sollte man etwas außerhalb der Städte parken: www.bahn.de

Der Radweg
Der Schiller-Radweg ist offiziell der „Literarische Radweg 05" in der Reihe „Per Pedal zur Poesie" mit den Dichtern Schiller, Schubart, Mörike und Kerner im Fokus. Zumeist ist er recht flach, in Richtung Hohenasperg muss man jedoch Steigungen überwinden.

Radkarte
Die Faltkarte (Per Pedal zur Poesie, Literarische Radwege, 05) ist ein wichtiger und unerlässlicher Begleiter für unterwegs. Vieles erschließt sich erst, wenn man die Hintergründe kennt, die dort gut und kompakt dargestellt werden. Sie gibt es kostenlos bei der Touristinformation Marbach (siehe „Allgemeine Auskunft")

Einkehr
Goldener Löwen in Marbach: Historische Gaststätte direkt neben Schillers Geburtshaus, dessen Betreiber ursprüngliche einmal Schillers Großeltern waren: www.goldener-loewe-marbach.de
Gutsschenke Schlosshotel Monrepos: Gehobene Gastronomie unweit des Lustschlosses, schöner Außenbereich, man kann auch übernachten: www.schlosshotel-monrepos.de
Breitengrad 17 in Ludwigsburg: Vietnamesisches Restaurant mit ausgezeichneter Küche. Es gibt auch einen Ableger in Stuttgart: www.breitengrad17.de

Allgemeine Auskunft
Touristinformation Marbach, Marktstraße 23, 71672 Marbach am Neckar, Telefon 07144 1020, www.schillerstadt-marbach.de

Hier geht's los: Am Schiller-Nationalmuseum in Marbach startet die literarische Radtour.

Der große Dichter Friedrich Schiller verbrachte Kindheit und Jugend in Württemberg. Auf einem Radweg am Neckar kann man seine frühen Stationen erleben und sich von Landschaft und Historie ein wenig verzaubern lassen.

Der Vollzugsbeamte auf dem **Hohenasperg** ❹ macht Mittagspause. Hat gemütlich auf einer schattigen Bank außerhalb der dicken Sandsteinmauern Platz genommen und seine Schlüssel verführerisch danebengelegt. Alte Bäume säumen den Weg, kleine Türmchen, ein tiefer Graben, in dem Blumen blühen. Ganz oben blitzt funkelnagelneuer Stacheldraht.

Gut 250 Jahre nach Friedrich Schillers Geburt ist die Festung Hohenasperg immer noch ein Gefängnis. Friedrich Schiller blieb es erspart. Er flüchtete rechtzeitig aus Württemberg, machte nicht denselben Fehler wie sein Bruder im Geiste, Christian Friedrich Daniel Schubart (1739–1791).

Herzog als Fallensteller

Der Herzog hatte Schubart in eine Falle gelockt und verhaften lassen. Zehn schlimme Jahre schmorte der Journalist und Dichter auf dem Hohenasperg. 1781 besucht ihn Schiller dort unter falschem Namen, sein Jugenddrama „Die Räuber" ist stark von Schubart inspiriert.

Ein kleines, verstecktes Denkmal ist Christian Friedrich Daniel Schubart heute auf dem Hohenasperg gewidmet. Wäre es nicht auf der Radkarte des Schillerwegs verzeichnet, man würde es kaum finden. Der Justizvollzugsbeamte zuckt jedenfalls nur mit den Schultern und wünscht ansonsten einen guten Tag.

Der Tag hat in **Marbach am Neckar** ❶ begonnen. Oben auf der Schillerhöhe, wo Anfang und Ende des Dichter-Radwegs liegen. 2009 wurde er anlässlich von Schillers 250. Geburtstag konzipiert und führt 30 Kilometer lang von Marbach zum Hohenasperg und von dort über Ludwigsburg wieder zurück nach Marbach.

In Marbach ist fast alles Schiller: Denkmal des Dichters hoch über dem Neckartal (rechts).

Schillers Taufhäubchen

In Marbach ist irgendwie alles Schiller. Es gibt ein Schiller-Nationalmuseum, eine Schiller-Statue, eine Schiller-Glocke (Alexanderkirche), einen Schiller-Verein, eine Deutsche Schiller-Gesellschaft und mehrere Gaststätten, die den Namen Schiller tragen. Und natürlich gibt es das Schiller-Geburtshaus, das hinter romantischem Fachwerk in der Altstadt liegt.

Die Frau hinter der Kasse nimmt sich Zeit für den Radfahrer. Zeigt stolz auf den kleinen Raum, in dem Schiller am 10. November 1759 geboren wurde. Und auf den weißen Kinderanzug, den Schiller tatsächlich getragen haben soll. Auch das Original-Taufhäubchen und das Spinnrad der Mutter gehören zu den Ausstellungsstücken. Die Mutter war eine Gastwirtstochter aus Marbach, der elterliche „Goldene Löwe“ ist noch immer ein Haus geschätzter Gastlichkeit. Ein schöner Ort für Schiller-Radler, die eine poetische Pause einlegen wollen.

Duftende Weinbergterrassen

Wie hat diese Gegend wohl zu Lebzeiten des Dichters ausgesehen? Auf den ersten Radkilometern zwischen Marbach und Freiberg glaubt man zuweilen eine Ahnung davon zu bekommen. Alte Bauerngärten säumen den Weg und **Weinbergterrassen** ❷ den steilen Neckarhang. Der Duft reifer Tomaten, von Wildkräutern und Blumen steigt in die Nase.

In Freiberg verlässt der Radweg den Neckar und streift das Lustschlösschen Monrepos. Herzog Carl Eugen hatte ihm seinen barocken Glanz gegeben, bevor er die Lust daran wieder verlor und sich neuen Schlossprojekten widmete. An Carl Eugen sollte sich Schiller ein halbes Leben reiben: Erst steckte ihn der Herzog in eine Eliteschule, dann erteilte er ihm Schreibverbot.

Monrepos ❸ ist ein herrlicher Ort zum Rasten und zum Verweilen. Zum In-den-Tag-hinein-Dösen und zum Lesen. Im Sommer kann man auf dem Schlossteich sogar Tretboot fahren, sich auf dem Wasser treiben lassen, die romantische Insel umrunden, Schwäne und Enten beobachten. „Nicht in die ferne Zeit verliere dich! Den Augenblick ergreife, der ist dein“, hatte Schiller einmal gesagt.

Feder weist den Weg

Verlieren kann man sich auf diesem Radweg leicht. Weil man entweder ins Träumen oder ins Plaudern kommt oder aber auf der Suche nach der nächsten Dichterspur ist. Immer dem Symbol mit der Feder nach, per Pedal zur Poesie, wie es das Motto der literarischen Radwege in Baden-Württemberg besagt. Es ist ein Radweg für die, die Zeit haben, die nicht eilen, sondern verweilen wollen. Die am Ende des Tages nicht damit angeben, wie viele Kilometer sie

Schlösser und Strauchtomaten: Der Radweg führt von den Gärten im Neckartal (links) zur Residenz in Ludwigsburg.

geschafft haben, sondern die ein wenig von der Langsamkeit vergangener Zeiten gekostet haben. Schön, wenn es vorangeht, aber noch schöner, wenn es zwischen den Etappen ausreichend Leerlauf gibt.

Die vorletzte Etappe gehört **Ludwigsburg** ❺. Friedrich Schiller verbrachte hier wesentliche Jahre seiner Kindheit und Jugend. Von 1767 bis 1773 ging er in Ludwigsburg auf die Lateinschule, spielte nach Theaterbesuchen mit seinen Geschwistern mit exzentrischem Gehabe Bühnenstücke nach.

Obelisk für Dichter

Doch Friedrich Schiller ist nur einer von vielen Dichtern, die in Ludwigsburg ihre Spuren hinterlassen haben. Wer in die Stadt hineinradelt und am Holzmarkt ein wenig verweilt, trifft auf einen Obelisken, der gleich vier Schriftstellernamen trägt: Justinus Kerner (1786–1862), Eduard Mörike (1804–1875), Friedrich Theodor Vischer (1807–1887) und David Friedrich Strauss (1808–1874).

Sie waren Zeitgenossen, allesamt Söhne der Stadt und blieben einander ein Leben lang verbunden. Kerner hatte die Lateinschule abbrechen und eine ungeliebte Kaufmannslehre in Ludwigsburg antreten müssen. Mörike war durch den frühen Tod des Vaters bald nach Stuttgart weitergezogen. Vischer ging ebenfalls früh nach Stuttgart und zum Theologiestudium nach Tübingen. Pfarrer wurde er trotzdem nicht, sondern Wissenschaftler und Politiker sowie einer der bedeutendsten Kunsttheoretiker seiner Zeit. Der Vierte im Bund, David Friedrich Strauss, war der Einzige, der auch in seiner Geburtsstadt starb. Bis zuletzt hatte er mit seiner Religionskritik für Aufsehen gesorgt.

Schillers Flucht

Eine Generation nach ihnen lebte die Ludwigsburger Schriftstellerin Tony Schumacher (1848–1931), die zu einer der beliebtesten Kinderbuchautorinnen ihrer Zeit wurde. Ihre Erzählungen handeln von armen, elternlosen, kranken und einsamen Kindern, fast 60 Werke und über 250 Bleistiftzeichnungen hat sie hinterlassen.

Schiller selbst war 1782 aus Württemberg geflohen, nur ein einziges Mal kehrte er nach Ludwigsburg zurück. Das war im Herbst 1793. In dieser Zeit wurde sein Sohn geboren und der Grundstein für das berühmte Wallenstein-Drama gelegt. Nach wenigen Monaten zog es ihn weiter nach Jena und schließlich nach Weimar, wo er sich 1799 mit seiner Familie niederließ und 1805 starb.

Den Radfahrer auf dem Schiller-Radweg zieht es hingegen zurück nach Marbach. Hier schließt sich der Kreis, fährt man ab Hoheneck noch einmal auf einem besonders schönen Abschnitt auf der linken Seite des Neckars entlang. Kleingärten, Uferwiesen, ab und zu ein hupender Lastkahn, der seinen schlanken Schiffskörper über die Wasserlinie bugsiert.

In Marbach endet die Schiller-Radtour. Zeit zum Verschnaufen und zum Abkühlen. Das klappt im Schiller-Nationalmuseum dank seiner guten Klimatisierung ja dann auch wirklich ganz vorzüglich.

Sehenswert

Literarische Radtouren
Der Schiller-Radweg (Nummer 05) ist einer von elf literarischen Radwegen in Baden-Württemberg. Man kann zum Beispiel auf den Spuren von Hölderlin in Lauffen radeln, mit Hesse durchs Nagoldtal, inspiriert von Grimmelshausen durch den badischen Schwarzwald oder zusammen mit Mörike den Albtrauf entdecken. Die Karten enthalten allesamt den detailgenauen Wegeverlauf und viele Informationen über die literarischen Stationen. Erst durch diese Hintergründe erschließen sich die literarischen Radwege in ihrer Bedeutung, sie sind ein unverzichtbarer Wegbegleiter und eine Inspiration. Herausgeber ist die Arbeitsstelle für Literarische Museen in Baden-Württemberg, dort kann man gegen eine Gebühr auch das komplette Set erwerben: www.literaturland-bw.de

Museen auf der Schillerhöhe ❶
Sowohl das Schiller-Nationalmuseum als auch das Literaturmuseum der Moderne sind einen Besuch wert. Das Nationalmuseum ist die Keimzelle der dortigen Museenlandschaft und hauptsächlich dem Schaffen Schillers gewidmet. Beide Museen liegen direkt nebeneinander auf der Schillerhöhe in Marbach, zum Gesamtkomplex gehört auch das Deutsche Literaturarchiv: www.dla-marbach.de.

Schiller-Geburtshaus ❶
Das Schiller-Geburtshaus in der Innenstadt informiert über die Familie und die ersten Lebensjahre des Dichters. Zu den Exponaten gehört unter anderem das Taufhäubchen. Bis zu seinem vierten Lebensjahr lebte Friedrich Schiller in Marbach: www.schillersgeburtshaus.de

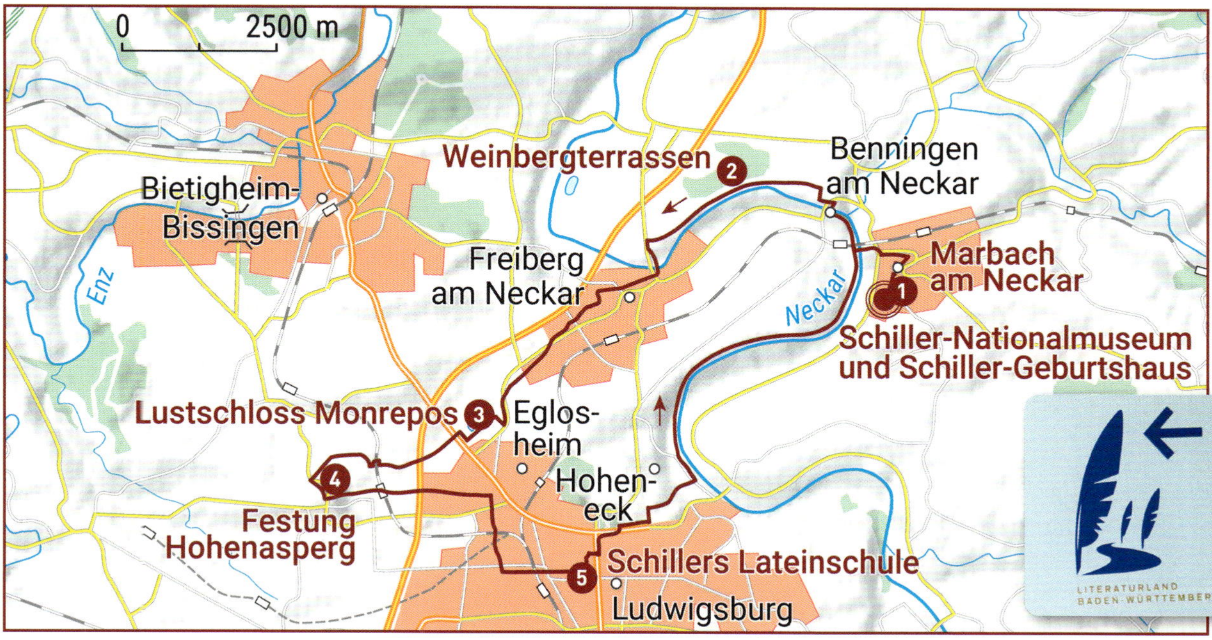

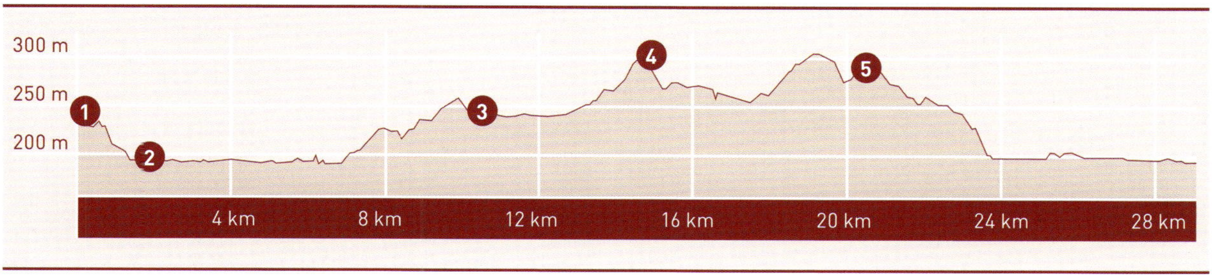

Bülle, Bike und Bouillabaisse

Eine kulinarische Radtour mit mehreren Gängen

Der Höri-Radweg kompakt

Start und Ziel: Moos (oder jeder andere Ort)
Gesamtstrecke: 37 km
Fahrzeit: Halbtagestour
Höhenmeter: 129
Schwierigkeit: leicht bis mittel

Anreise
Mit dem Zug bis Radolfzell, von dort geht es mit dem Bus weiter. Auch Stein am Rhein in der Schweiz hat einen Bahnhof. Mit dem Auto fährt man über die A 81 und die B 33 nach Radolfzell und auf die Höri.

Der Radweg
Am Ufer entlang dem Bodenseeradweg folgen. Wer nicht die gleiche Strecke zurückfahren möchte, kann einen kleinen, aber steilen Bogen über den Schiener Berg machen oder ihn in großem Bogen umgehen, zum Beispiel über die 37 Kilometer lange Höri-Rundtour. Ideal zur Orientierung: die Rad- und Wanderkarte „BewegungsLust" und der Radtourenflyer für die Höri, erhältlich im Kultur- und Gästebüro Gaienhofen.

Genussradtour
Individuell oder geführt buchbar von Frühjahr bis Herbst: die 18 Kilometer lange Radtour „Rettich, Bülle und Salat". Vier Gänge in drei Gasthäusern „liegen" auf dem Weg von Horn nach Moos. Buchung und Info: Kultur- und Gästebüro Gaienhofen, Telefon: 07735 9999123, www.gaienhofen.de.

Hermann Hesse
Das Literaturmuseum im Zentrum von Gaienhofen befindet sich in Hermann Hesses erstem Wohnhaus in der Kapellenstraße 8. Ab April ist seine Villa mit Garten am Ortsrand geöffnet.
www.hesse-museum-gaienhofen.de
www.hermann-hesse-haus.de

Allgemeine Auskunft
Regio Konstanz-Bodensee-Hegau,
Obere Laube 71, 78462 Konstanz,
Telefon: 07531 133040,
www.bodenseewest.eu

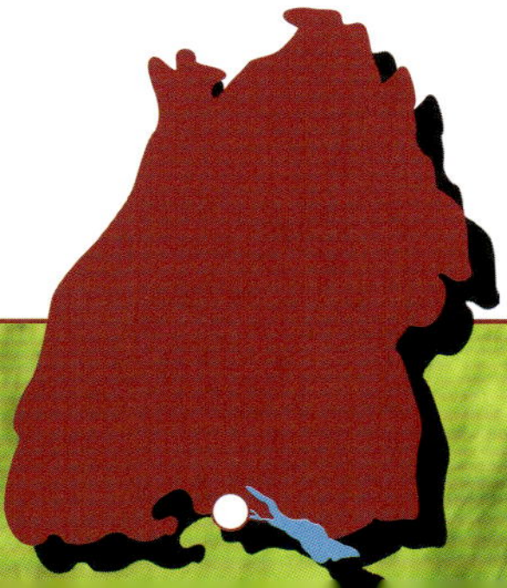

Bülle, Bülle: Die Höri-Zwiebel ist eine Spezialität und schmeckt besonders gut mit Essig und Butterbrot.

Radfahren auf der Bodenseehalbinsel Höri ist ein doppeltes Vergnügen – dank der natürlichen Schönheit der Uferlandschaft und dem Verwöhnprogramm für den Gaumen. Die Tour am Untersee zwischen Radolfzell und Stein am Rhein führt von Genuss zu Genuss.

Ein Friedhof kann so schön sein. Vor allem wenn er derart malerisch liegt wie jener in **Gaienhofen-Horn ❶**. Auf einer Anhöhe über dem Bodensee steht die Pfarrkirche Sankt Johann, umgeben von alten Bäumen und einem Kirchhof mit Aussicht. Zwischen den terrassenförmigen Gräberreihen wurden Sitzbänke platziert, allesamt so ausgerichtet, dass man den See im Blick hat. Ein idealer, kein bisschen morbider Ort zum Rasten und Verweilen auf einer Radtour am westlichen Bodensee. Er heißt hier Untersee und stößt mit seinem Südufer an die Schweiz. Auf deutscher Seite schiebt sich jedoch eine idyllische Halbinsel dazwischen: die Höri. Der Ort Gaienhofen-Horn liegt an ihrer äußersten Spitze, hoch über einem großen Naturschutzgebiet. Wer an den Ufern entlangradelt, hat in Horn schon knapp die Hälfte der Strecke hinter sich gebracht – Zeit für eine Einkehr.

Ochsenfetzen und Windbeutel

Man muss nicht lange suchen. Unmittelbar hinter dem Friedhof und der Kirche liegt einer der traditionsreichsten Landgasthöfe der Region: der „Hirschen". Seit 1821 führt die Familie Amann den Betrieb und serviert ihren Gästen Fisch, Fleisch und Süßes zur Abrundung danach. Die Ochsenfetzen sind legendär und die Windbeutel ein Gedicht. Leichte Gerichte für unterwegs und Deftiges für die Zeit nach der Tour.

Die Höri bietet eine geradezu fantastische Dichte an Wirtshäusern, von denen andere Regionen nur träumen können. Deshalb haben die Touristiker am westlichen Bodensee auch eine spezielle Genussradtour ausgetüftelt, bei der das Menü etappenweise gereicht wird. „Rettich, Bülle und Salat" lautet der etwas prosaische Titel. Tatsächlich erlebt man die

Einkehrorte für Geist und Seele: Hesse-Museum in Gaienhofen (links), die Kirche in Horn.

Landschaft auf eine besonders leckere Art und Weise, sozusagen in vier Gängen.

Bouillabaisse vom Bodensee

Auf den 18 Kilometern der Strecke von Horn nach Moos und zurück wartet neben dem „Hirschen" ein weiterer Traditionsgasthof, der über die Region hinaus bekannt ist: der „Grüne Baum" in Moos. Seit Jahrzehnten steht der Wirt Hubert Neidhart für eine der besten Fischküchen am Bodensee. Stolz präsentiert er seinen Gästen den frischen Fang, dicke Seeforellen und Kretzer, Zander und Krebse. Der Chef weiß, was gut ist und wo er es herbekommt. Während der Ausbildung hat er in der Bretagne gearbeitet und von dort die Kunst der französischen Fischsuppenzubereitung mit nach Hause gebracht. Seine Bodensee-Bouillabaisse ist einer der vier Gänge auf der kulinarischen Radtour.

Das Radfahren auf der Höri ist ebenso genussvoll wie das Einkehren. Über die Hälfte der Ufer sind naturbelassen. Ausgedehnte Schilfgürtel säumen den Weg, duftende Streuobstwiesen, die im Frühling aufblühen. An manchen Stellen ist es noch ein wenig so wie damals, als der Schriftsteller und spätere Literaturnobelpreisträger Hermann Hesse im Jahr 1904 hierherzog: eine abgeschiedene Welt abseits der großen Städte und Straßen. Seine beiden Wohnhäuser in **Gaienhofen** ❷ kann man heute noch besichtigen, ein paar Kilometer weiter im Ortsteil Hemmenhofen war der Maler **Otto Dix** ❸ zuhause. Von dort sind es nur noch wenige Kilometer bis zur Schweizer Grenze in **Stein am Rhein** ❹.

Das Zwiebelprinzip

Das Frühjahr ist für Radler eine wunderbare Zeit. Noch ist es hier sehr ruhig und von den Badeurlaubern, die im Sommer die Quartiere füllen, nichts zu sehen. Die Vögel zwitschern ihr leises Frühlingslied und die ersten Biergärten öffnen ihren Ausschank. Überall im Tal recken goldgelbe Narzissen die Köpfe in die Höhe, während weiter oben, in den Schweizer Bergen, noch die Schneespitzen glitzern. Die Nächte können noch kalt werden, aber tagsüber brennt mitunter die Sonne auf den Helm. Für die Kleidung gilt deshalb das Zwiebelprinzip – das passt vorzüglich zu einer Region, in der die Zwiebel eine herausragende Rolle spielt. „Bülle" wird sie hier genannt, ein alter alemannischer Ausdruck, der auf der Höri freilich für eine ganz spezielle Sorte steht. Sie ist rot und mild, ideal für den rohen Verzehr und zu einem Butterbrot mit Essig und Öl gereicht. Selbst überzeugte Zwiebelgegner sind bei der Höri-Bülle schon schwach geworden. Im März und April ist sie noch zu haben, danach heißt es warten auf die nächste Ernte im August.

Katzensprünge und Kleinode

Wer auf der Höri radelt, hat die Qual der Wahl. Er kann entspannt am Ufer bleiben oder eine Runde durchs Hinterland machen. Immerhin 700 Meter hoch ist der **Schiener Berg** ❺, der mit seinen Höhenzügen die Ufer überragt. Ihn zu überqueren, erfordert Kraft und Kondition – oder ein E-Bike. Fast sämtliche Fahrradverleihstellen haben heute Pedelecs im Angebot, sie vergrößern den Radius für all die, die ansonsten Steigungen tunlichst vermeiden würden. Dabei lohnt sich der Weg übers Hinterland auch kulinarisch, nach **Moos-Bankholzen** ❻ zum Beispiel, wo der Gasthof Sternen seine Gäste bewirtet. Hier setzt man auf biologische und regionale Gerichte und trifft an den Tischen auch viele Einheimische, die hier ganz selbstverständlich in ihr Wirtshaus gehen.

Von hier aus ist es nur ein Katzensprung in die Schweiz. Hermann Hesse nahm gerne das Ruderboot und fuhr nach Steckborn wegen der besseren Einkaufsmöglichkeiten. Heute kommen die Schweizer zum Shoppen eher herüber, doch ein Ausflug zu den Eidgenossen lohnt sich immer noch. Das liegt auch an Stein am Rhein, einer der malerischsten Städte am Ufer. Der Name verrät schon, dass hier der Bodensee zu Ende ist und das Wasser nun gebündelt im Rhein weiterfließt. Wer in Stein über die Brücke fährt und ein paar Hundert Meter zum See zurückkehrt, erreicht ein Kleinod, das idyllischer nicht sein könnte: die Insel Werd. Eine Brücke ver-

Seine Fischküche ist berühmt: Hubert Neidhardt, der Wirt vom Grünen Baum in Moos.

Gut gespeist ist halb geradelt

Die Vielfalt der regionalen Gastronomie ist enorm. Hier eine Auswahl:

Grüner Baum in Moos
Exzellente Fischküche, die Fischsuppe ist der Renner.
Telefon: 07732 54077
www.gruenerbaum-moos.de

Gasthaus Hirschen
in Gaienhofen-Horn
Ochsenfetzen sind die Spezialität, es gibt auch Zimmer.
Telefon: 07735 93380
www.hotelhirschen-bodensee.de

Gasthof Zum Sternen
in Moos-Bankholzen
Viele Biogerichte werden geboten, aber trotzdem traditionell und bodenständig, mit Hotelbetrieb.
Telefon: 07732 2422
www.zum-sternen.de

Gasthaus Schiff in Moos
Gutbürgerlich mit Fisch und Fleisch vom See, es gibt auch ein Übernachtungsangebot.
Telefon: 07732 99080
www.schiff-moos.de

bindet sie mit dem Ufer, ein wunderbarer Ort, um sich die Seele streicheln zu lassen, bei einer kleinen Rast in der Franziskanerklause oder in der Kapelle. Am Ufersteg schwimmen Schwäne und Blässhühner. Wer Glück hat, begegnet einem der Brüder und kann mit ihm ein wenig über Gott und die Welt plaudern.

Es ist ja nicht so, dass die Schweiz keine Gastronomie hätte. Hoch über Stein am Rhein liegt eines der schönsten und besten Restaurants der Bodenseeregion: die Burg Hohenklingen. Dort haben die Gerichte ihren Preis, aber auch ihre Qualität. Man muss ja nicht gleich ein ganzes Menü bestellen.

Sein eigener Tourguide

Freunde individuell gestalteter Radrunden können freilich auch ganz kurz oder ein bisschen länger über die Höri touren, im hohen Bogen durchs Hinterland oder auf kurzer Distanz über den Berg. Wege gibt es genug und Schilder auch. Das ist der Vorteil an einer Region mit gut entwickeltem Tourismus: die Infrastruktur stimmt. Dazu gehören auch die erwähnten Gasthöfe. Mit dem Rad sind sie allesamt gut erreichbar. Sie bilden das Salz in der Suppe einer Genusstour am westlichen Bodensee, auf der man fast ebenso viele Gänge auf dem Teller hat wie am Fahrrad.

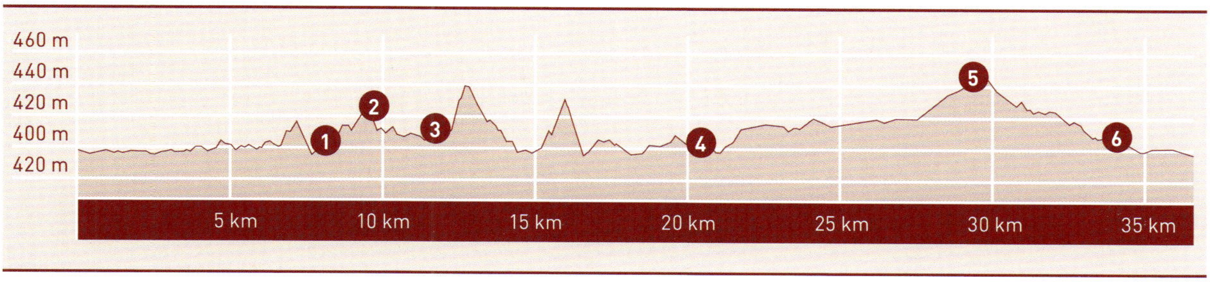

Im badischen Schlaraffenland

Die Hofladen-Tour bei Bühl ist etwas für Genießer

Die Hofladen-Tour kompakt

Start und Ziel: Ottersweier-Haft
Gesamtstrecke: 45 km
Höhenmeter: 127
Fahrzeit: Tagestour
Schwierigkeit: leicht

Anreise
Bühl und Achern haben einen Bahnanschluss, von dort sind es nur ein paar Kilometer zur Hofladenrunde. Allerdings empfiehlt sich für alle, die in den Hofläden einkaufen wollen, die Anreise mit dem Auto.

Die Radtour
Man macht die Hofladen-Tour am besten freitags, weil da fast alle Anbieter offen haben. Offizieller Start der Tour ist Moos, wer in den Hofläden einkaufen will, kann aber auch Ottersweier-Haft wählen, dort befinden sich die meisten.

Radkarte
Zur Orientierung reicht die kostenlose Radkarte „Hofladentour" vollkommen aus (1:60.000), erhältlich beim Landratsamt Rastatt (siehe „Allgemeine Auskunft"). Es gibt ergänzend auch eine ausführliche Broschüre „Produkte aus der Region": www.tourismus.landkreis-rastatt.de/pb/790721.html

Einkehr
Steffis Café in Maiwald: Bauernhofcafé mit Käsekuchen als absoluter Spezialität, wenige hundert Meter links vom Radweg (Maiwald 11): Telefon 0175 9070229
Landgasthof Löwen in Obersasbach: Gute Küche mit selbstgebrautem Bier. Man kann hier auch übernachten: www.loewen-sasbach.de

Übernachten
Gasthaus Ochsen in Unzhurst: Gutbürgerlicher Gasthof mit moderaten Übernachtungspreisen. Hier kann man auch gut essen: www.zum-ochsen-unzhurst.de

Allgemeine Auskunft
Tourismus Landratsamt Rastatt, Am Schlossplatz 5, 76437 Rastatt, Telefon 07222 3813108, www.tourismus.landkreis-rastatt.de

Radeln und rasten: Es ist zu verlockend, was es entlang der Hofladenroute alles zu kaufen gibt.

Zwetschgen, Kartoffeln, Fleisch, Bauernbrot und Käsekuchen: Zwischen Bühl und Achern gibt es einen Hofladen neben dem andern. Eine 45 Kilometer lange, gemütliche Radtour verbindet sie und lädt immer wieder zum Einkehren ein.

„Der dümmste Bauer erntet die größten Kartoffeln." Thomas Metzinger lacht, als er diesen Satz sagt. Dumm ist er garantiert nicht, aber die größten Kartoffeln hat er trotzdem. 1,3 Kilo wiegt sein Exemplar der Sorte Concordia, stolz hält er es in die Kamera.

Thomas Metzinger ist der Chef des Hofladens „Querfeldein" in **Ottersweier-Haft** ❶. Dort gibt es fast alles aus der Region, was das Herz begehrt: Zwetschgen, Äpfel, Fleisch aus eigener Erzeugung, Kuchen und Brot aus der bäuerlichen Bäckerei. Wer will, kann sich auch hinsetzen und frühstücken.

Freitag ist Brotbacktag

Das ist dann der ideale Einstieg für die Hofladen-Tour mit dem Fahrrad. Am besten man lässt sein Auto hier am Morgen stehen, radelt einmal im Kreis herum und stopft sich am Abend die Taschen voll. Der Ortsteil Haft ist so etwas wie das Zentrum der Hofläden in der Region. Gleich fünf in einer Reihe gibt es hier: Haft 4, 12, 17, 20, 59, die kleine Radwanderkarte des Landkreises Rastatt verzeichnet sie alle mit Hausnummern, man kann einen nach dem andern abklappern.

Am besten tut man das an einem Freitag. Es ist der Tag, an dem alle ihre Türen offen haben, die beste Schnittmenge aus sämtlichen Öffnungszeiten, die dankenswerterweise ebenfalls in der Radkarte verzeichnet sind.

Freitag ist auch der Tag, an dem Edith Moser Brot backt. Wahlweise auch erhältlich mit Speck oder mit Kümmel. Ihr Mühlenhof-Laden (Haft 12) ist ein paar Häuser von Thomas Metzingers „Querfeldein" (Haft 4) entfernt. Zu den Hausspezialitäten der Mosers gehört auch der Hefekuchen mit Rumrosinen, ein Gedicht!

Hofladen „Querfeldein" in Haft: Aus einem alten Bauernhof wurde ein reich bestückter Regionalmarkt.

„Kommen Sie ruhig näher", sagt sie. Man darf hier alles besichtigen, auch den Garten mit den Hühnern, die frische Eier liefern. Auch Thomas Metzingers Stall ist für Besucher jederzeit zugänglich. Die Bullen, die der Garant für frisches Rindfleisch sind, die grunzenden Schweine, die einen vortrefflichen Schinken abgeben. Badener sind gesprächige Leute, wer eine Frage stellt, bekommt sie in aller Ausführlichkeit beantwortet.

Ein Paradies für Zwetschgen

Von Ottersweier-Haft geht der Radweg zunächst ein Stück weit nach Süden. Die Hälfte der Tour ist straßenbegleitend, die andere Hälfte verläuft auf Feldwegen. Fast alles ist flach und asphaltiert, auch ohne E-Bike kommt man hier bestens voran.

Die ersten Kilometer führen an den Hängen des Schwarzwalds entlang. Dunkle Wälder, die allmählich in Obstbaumplantagen übergehen, Streuobstwiesen und Weiden. Die Gegend um Bühl ist ein Zwetschgenparadies, jeder zweite hat hier einen Acker mit Baumfrüchten.

So hat sich auch die Hofladen-Tour entwickelt: Aus ein paar Kisten, die man vor die Haustür gestellt hat, für den Direktverkauf an Passanten. Seit die Direktvermarktung boomt und immer mehr Menschen auf der Suche nach regionalen Produkten vom Erzeuger sind, ist daraus ein Geschäftsmodell geworden.

Die größeren der Hofläden sind Vollsortimenter. Was sie nicht selbst herstellen, kaufen sie von anderen Produzenten mit ähnlicher Ausrichtung dazu. Bei „Querfeldein" sind es gleich zwei Bauernfamilien, die sich zusammengeschlossen haben. Neben dem Laden in Ottersweier-Haft gibt es auch einen in Lichtenau, exakt in der Mitte der Radtour. Natürlich ist auch dort ein Café-Betrieb mit Einkehrmöglichkeit vorhanden.

Die Hofladen-Tour bietet einen steten Wechsel zwischen engmaschiger Zivilisation und abgeschiedener Ländlichkeit. Verträumte Dörfer wie **Sasbachried** ❷ liegen auf der Strecke, gefolgt von der Bundesautobahn A5, die man auf einer Brücke quert. Dann wird es auch schon wieder ruhig, stehen am idyllischen Litzlhof Pferde auf einer Koppel und blinzeln in die Sonne.

Storch auf der Wiese

Gamshurst heißt der Hauptort im Südwesten der Radtour, er ist genauso verträumt, wie der Name klingt. Auf den weiten Wiesen des Rheintals haben viele Platz. Auch Weißstörche sieht man hier immer wieder, wer sich ihnen vorsichtig nähert, kann sie dabei beobachten, wie sie mit ihren großen Schnäbeln Nahrung von den Feldern picken.

Der Westteil der Radstrecke führt parallel den Rhein entlang. Ein paar Kilometer weiter drüben und man wäre schon im Elsass. Ein wenig wie Gott in Frankreich kann man sich aber auch auf der deutschen Seite fühlen. Kurz nach Gamshurst lockt Steffis Café mit hausgemachtem Zwetschgen- und Käsekuchen. Die Bäuerin steht selbst hinter der Theke, erst vor wenigen Jahren hat sie ihr Hofcafé im Ortsteil **Maiwald** ❸ eröffnet.

Ulm im Rheingraben

Zwischen **Memprechtshofen** ❹ und Lichtenau geht es nun auf Feldwegen weiter. Traktoren sind hier unterwegs, Feierabendlandwirte mit PKW und Anhänger. Dass ein Ortsteil von Lichtenau **„Ulm"** ❺ heißt, verwirrt zunächst, aber man ist genau richtig, und die Stadt mit dem Münster an der Donau definitiv nicht gemeint.

Nun hat man ungefähr die Hälfte der 45 Kilometer langen Radtour geschafft. Man kann sie übrigens nach Belieben abkürzen und variieren. Fast jeder landwirtschaftliche Weg ist geeignet, zahlreiche Schilder weisen auf weitere Radwege hin, die kostenlose Karte zur Hofladen-Tour ist so detailliert, dass man sich kaum verfahren kann.

So geht es weiter in Richtung Moos, wo „Margots Paradies" um Kunden wirbt. In Unzhurst verkauft Günther Gander seine Eier aus Bodenhaltung, in Zell die Mühle viele Vollwertprodukte, nach Vereinbarung kann sie auch besichtigt werden.

Schließlich geht es nach Osten weiter, auf den Hauptort der Mühlentour zu: Ottersweier. Die Gemeinde wird von ihrer **Pfarrkirche Sankt Johannes** ❻ überragt, ein imposantes Bauwerk aus dem Jahr 1906 im Stil der Neugotik. Gleich gegenüber ist die ehemalige Jesuitenresidenz, die heute als Rathaus dient. Ottersweier hat rund 6000 Einwohner und liegt an der Übergangszone vom Rheingraben zum Schwarzwald.

Sehenswert

Die Hofläden
Alle Hofläden werden von Erzeugern geführt, die ihre eigenen Produkte vermarkten. Vor allem Obst und Kartoffeln gibt es in der Gegend, saisonal aber auch Spargel und Erdbeeren. In manchen der Hofläden, wie etwa „Querfeldein" in Ottersweier-Haft und Lichtenau-Ulm, gibt es auch eine größere Auswahl sowie Cafés mit Einkehrmöglichkeit. „Querfeldein" hat zudem in Gaggenau eine dritte Niederlassung: www.hofladen-querfeldein.de

Sasbachwalden
Nur wenige Kilometer von Ottersweier entfernt liegt der Kur- und Weinort Sasbachwalden. Die bekannte Alde-Gott-Winzerei hat hier ihren Sitz, es gibt eine Vielzahl guter Lokale mit badischer Küche: www.sasbachwalden.de

Abstecher nach Rastatt
Bekannt ist Rastatt für sein Barockschloss, eine ehemalige Residenz der Markgrafen von Baden. Das Schloss kann besichtigt werden, herausragend sind die Prunkräume mit ihren Stuckdecken. Sehenswert ist auch das kleine Lustschloss Favorite: www.schloss-rastatt.de, www.schloss-favorite-rastatt.de

Immer schön langsam: Das Rad der Zeit scheint hier irgendwie stehengeblieben zu sein.

Obst und badischer Wein

Mehrere Teilorte gehören zum Gemeindegebiet, unter anderem eben auch jener Weiler namens Haft, in dem ein Hofladen neben dem anderen steht. Wer die Tour mit dem Fahrrad macht, trifft neben dem Obst natürlich auch immer wieder auf den Wein sowie den Badischen Weinradweg, der in Teilen auf der gleichen Route verläuft.

Er ist etwa zehn Mal länger als die Hofladen-Tour, die ideal für einen schönen Tag ist. Radeln, einkehren und am Ende noch einmal die Regale durchstöbern nach all den Leckereien, die tagsüber keinen Platz im Gepäck fanden. Sämtliche Souvenirs, die man von dieser Radreise mit nach Hause bringt, sind jedenfalls für den Verzehr bestimmt.

Der Rumrosinenkuchen (Mühlenhof) schmeckt übrigens zum Frühstück ganz besonders gut, und die Flockensahne (Querfeldein) ist genau richtig für die Kaffeepause. Schwarzwurst und Schwarzwälder Schinken bereichern das Abendessen – und es sieht überhaupt ganz danach aus, als ob man dort noch einmal hinfahren müsste.

Vielleicht hat Thomas Metzinger dann ja wieder eine Rekordkartoffel im Angebot. Die passt zur Not auch in die Satteltasche, für den Rest bringt man das nächste Mal aber am besten einen Anhänger mit.

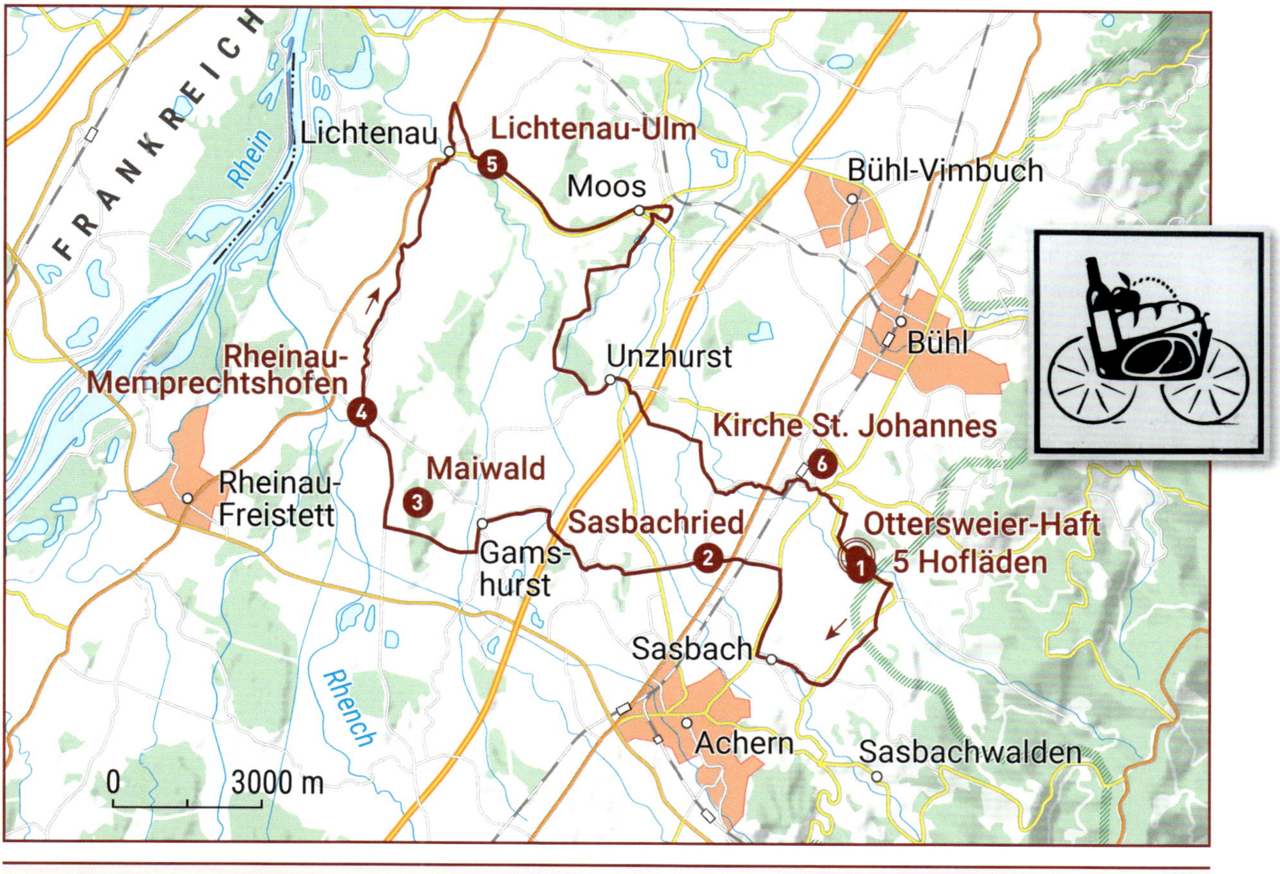

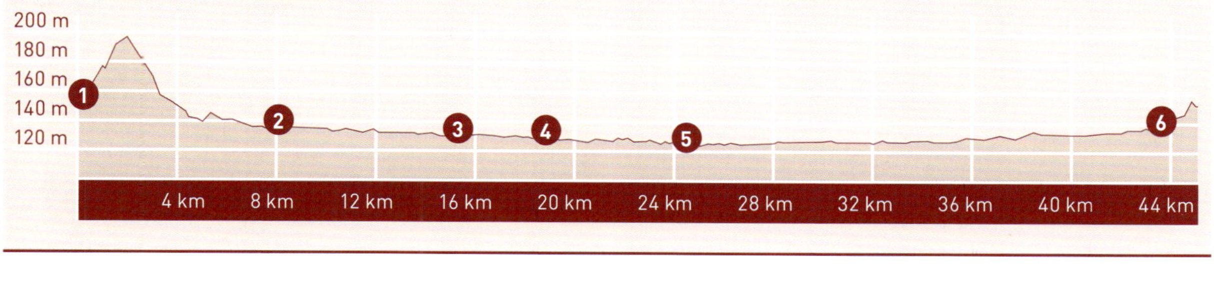

Wie im Süden

Der Badische Weinradweg für sonnenhungrige Genießer

Der Badische Weinradweg kompakt

Start: Grenzach-Wyhlen
Ziel: Laudenbach
Gesamtstrecke: 463 km
Höhenmeter: 3347
Fahrzeit: 8 Tagesetappen
Schwierigkeit: leicht bis mittel

Anreise
Sowohl der Start in Grenzach-Wyhlen als auch das Ziel in Laudenbach sind mit der Bahn zu erreichen. Das gilt auch für fast sämtliche Etappenziele unterwegs. Eine Ringbahn (Kaiserstuhlbahn) fährt einmal um den Kaiserstuhl herum: www.bahn.de, www.sweg.de

Die Radtour
Der Badische Weinradweg führt auf asphaltierten Wegen und Nebenstraßen durch die Reblagen. Eine Mischung aus hügelig und flach, ein E-Bike kann nicht schaden. Es gibt bei Schwarzwald Tourismus und in den Tourist-Informationen eine kostenlose Karte, die aber nicht sehr detailliert ist. Weitere Informationen, Übernachtungs- und Einkehrtipps auf der Internetseite: www.badischer-weinradweg.info

Radtourenbuch
Im Esterbauer-Verlag ist ein detailliertes Radtourenbuch erschienen, das schon aufgrund der nicht immer lückenlosen Beschilderung ratsam ist: Badischer Weinradweg, Reihe Bikeline, ISBN 978-3-85000-751-1.

Einkehr
Winzerhaus Rebstock in Oberbergen: Die einfache Variante der Sternegastronomie von Franz Keller am Kaiserstuhl. Ist einen Umweg wert: www.franz-keller.de
Löwen in Staufen: Historisches Gasthaus mitten in der Altstadt, hier soll sich der legendäre Doktor Faustus in die Luft gesprengt haben: www.loewen-staufen.de

Übernachten
Hotel Restaurant Rebstock in Durbach: Hotel und Restaurant auf hohem Niveau und in malerischer Lage am Rande der bekannten Weinbaugemeinde in der Ortenau: www.rebstock-durbach.de

Allgemeine Auskunft
Schwarzwald Tourismus GmbH, Wiesentalstraße 5, 79115 Freiburg, Telefon 0761 896460, www.schwarzwald-tourismus.info

Mit dem Rad durchs Rebland: Der Badische Weinradweg führt vom Markgräflerland bis zur Kurpfalz.

Von der Schweizer Grenze bis nach Hessen: Der rund 460 Kilometer lange Badische Weinradweg führt einmal durchs ganze Land. Mit malerischen Routen durch die Reben und vielen Weindörfern, die einen ausführlichen Stopp wert sind.

Über den Dächern von Oberrottweil wachsen Palmen und Pfirsichbäume. Sonnenblumen recken ihre Hälse nach oben, Eidechsen sausen zwischen den Steinen umher. Mit viel Glück kann man sogar eine Smaragdeidechse entdecken: Am warmen Kaiserstuhl fühlt sich der blaugrüne Exot so wohl wie in Südeuropa, wo seine eigentliche Heimat ist.

Der Radweg geht durch eine malerische Gasse abseits der Hauptstraße. Überall duftet es nach frisch gepressten Trauben. In den Hofeinfahrten stehen Mini-Traktoren, mit denen die Winzer ihre Ernte einbringen. Im Herbst herrscht hier ein emsiges Treiben, ein Gewusel mit Dutzenden von Helfern, die Bottich um Bottich in die Kelter fahren.

Weinberge und Lösswege

Oberrottweil liegt im Herzen des Kaiserstuhls, eine Teilgemeinde von Vogtsburg, die eingerahmt ist von Weinbergen und Lösshohlwegen. Am Straßenrand

Weinberge und Winzerdörfer: Die reifen Trauben sind ebenso prächtig wie das malerische Burkheim am Kaiserstuhl (rechts).

verkaufen sie auch Tafeltrauben und natürlich eine Auswahl der zurückliegenden Wein-Jahrgänge: Müller-Thurgau, Spätburgunder, Ruländer und Silvaner.

Der Kaiserstuhl liegt auf der zweiten Etappe des neuen Badischen Weinradwegs. 2020 eröffnet, durchmisst er Baden-Württemberg einmal komplett von Süd nach Nord. Eine 460 Kilometer lange Genusstrecke, die durch einige der schönsten Landschaften von Deutschlands drittgrößtem Weinanbaugebiet führt. Im Osten liegt der Schwarzwald, und im Westen der Rhein, weiter nördlich folgen Kraichgau, Kurpfalz und die Bergstraße.

Am Kaiserstuhl macht der Radweg einen kleinen Schlenker in Richtung Frankreich. Das Inselgebirge kurz vor der Grenze ist eine Welt für sich, eine terrassierte Kulturlandschaft, die zuweilen Ähnlichkeit mit asiatischen Reisfeldern hat. Die Gegend gehört zu den wärmsten Regionen in Deutschland, regelmäßig werden hier Rekordtemperaturen gemessen.

Gutedel für den Gaumen

Die zweite Etappe des Badischen Weinradwegs beginnt in Schallstadt. Zuvor hat man schon die Gutedel-Lagen im Markgräflerland kennengelernt sowie die reizvolle Altstadt von **Staufen im Breisgau** ❶. Wen es nun eher in Richtung Schwarzwald zieht, der kann die Alternativ-Strecke über Freiburg und das Glottertal wählen. Alle anderen nehmen den Weg in Richtung Tuniberg und Kaiserstuhl.

Ihringen liegt am südlichen Ende des Kaiserstuhls. Ein Naturschutzzentrum lädt ein, sich mit der speziellen Landschaft, Flora und Fauna vertraut zu machen. Danach geht es steil nach oben, auf einer Nebenstraße, die nur für den landwirtschaftlichen Verkehr und für Radfahrer freigeben ist.

Herrliche Abfahrten

Vielleicht hätte man hier doch lieber ein E-Bike wählen sollen. Allerdings ist die Steigung kurz nach Ihringen die wirklich einzig nennenswerte Strapaze auf dem Weg durch das Mini-Gebirge. Man schlängelt sich so durch, wird immer wieder belohnt mit herrlichen Abfahrten und gut asphaltierten Feldwegen, die wie geschaffen sind für Freizeitradler ohne Stollenreifen.

Nur die Beschilderung ist zuweilen etwas irritierend. Hier hätte man sich eine dichtere Abfolge der roten Markierung mit dem weißen Radler gewünscht. Man findet sich trotzdem zurecht, wenn man nur immer auf der Radhauptroute bleibt und zur Sicherheit ein detailliertes Tourenbuch oder GPS-Daten im Gepäck hat.

Malerisches Burkheim

Am Kaiserstuhl folgt ein Weindorf aufs andere. Bickensohl, Oberrotweil, Bischoffingen, Burkheim. **Burkheim** ❷ ist das Juwel unter den Weinbaugemeinden, ein farbenprächtiges Ensemble aus Fachwerk-und Renaissancebauten, vornehmen Weingütern und alten Gaststätten. Zuweilen wird es auch als „badisches Rothenburg" bezeichnet.

Auf jeden Fall ist es einen Abstecher wert, denn der Ort liegt nicht direkt an der Radroute. Die zwei Kilometer Umweg lohnen sich jedoch, auch weil tagsüber viele der Wirtschaften geöffnet haben. Unter Lindenbäumen kann man hier im Freien sitzen, einen frischen Apfelsaft oder einen Schluck Weißwein genießen.

Ein Kaiserstuhl am Kaiserstuhl: Bei Leiselheim wurde dieses sieben Meter hohe Gestühl in die Botanik gesetzt.

Mach mal Pause: Am Rande des Schwarzwalds und des Weinradwegs darf man sich mal ein Gläschen gönnen.

Kapelle im Weinberg

Eine Einkehr der ganz anderen Art erwartet die Radfahrer zwischen Jechtingen und Sasbach. Hier lädt eine schneeweiße Kapelle inmitten der Weinberge zum Verweilen ein. Die Tür ist offen, und das kühle Innere an heißen Tagen eine wunderbare Wohltat. 1952 wurde das kleine Kirchlein erbaut, in den ländlichen Regionen spielt Frömmigkeit bis heute eine große Rolle.

Ein echtes Kuriosum ist das, was ein paar Kilometer weiter in den Weinbergen platziert wurde. Auf einer Anhöhe bei Leiselheim steht ein sieben Meter hoher Stuhl in der Botanik. Zum Ortsjubiläum 2005 wurde er dort aufgestellt, entsprechend der Weinlage, die die Bezeichnung „Gestühl" trägt. Für alle anderen ist es schlicht der Kaiserstuhl selbst, den sie hier zu sehen bekommen, das passende Symbol für eine Gegend, die etwas ganz Besonderes ist.

Die Winzer von Durbach

Bei Riegel vereinen sich Haupt- und Nebenroute wieder. Hier beginnt die dritte Etappe des Badischen Weinradwegs. Sie führt bis Gengenbach und markiert den Übergang in die Ortenau, eine der bekanntesten Weinbauregionen Badens. In der Ortenau liegt auch das berühmte **Durbach ❸**, seine örtliche Weinbaugenossenschaft zählt 80 Vollerwerbslandwirte und mehr als 200 Nebenerwerbswinzer.

Man kann so einiges lernen auf dem Badischen Weinradweg. Zum Beispiel, dass **Baden-Baden ❹** nicht nur eine Kurstadt ist, sondern auch ein eigenes Rebland besitzt (Neuweier, Steinbach, Varnhalt). Erstaunlicherweise darf hier sogar der Wein in Bocksbeutelflaschen abgefüllt werden, die ansonsten den Franken vorbehalten sind. Eine Ausnahmereglung, die sogar vom Bundesgerichtshof bestätigt wurde.

Gipfeltreffen in Oberderdingen

Bei Karlsruhe verabschiedet der Radler sich vom Schwarzwald. Die Hügel rechts des Rheins werden nun flacher und gehören zum Kraichgau. Eine Mischlandschaft, in der sich nicht nur Baden und Württemberg begegnen, sondern auch deren Weinbauregionen: In **Oberderdingen ❺** treffen Badische und Württembergische Weinstraße aufeinander, es gibt sogar Winzer am Ort, die Reben dies- und jenseits der alten Landesgrenze haben.

Die Trauben hängen tief: Am Badischen Weinradweg bekommt man einen Vorgeschmack auf den nächsten Jahrgang.

Oberderdingen ist auch eine Übernachtungsstation auf dem Badischen Weinradweg. Hier beginnt Etappe Nummer sieben, die schnurstracks nach **Wiesloch** ❻ in die Kurpfalz führt. Dort gibt es einen Winzerkeller und unweit davon ein Winzermuseum in Schloss Rauenberg.

Die Zielgerade: Der letzte Abschnitt des badischen Weinradwegs führt von Wiesloch an die hessische Landesgrenze, direkt durch Heidelberg hindurch. Dort hat sich der Zwerg Perkeo einen Namen gemacht, weil er angeblich das große Fass allein auszutrinken vermochte. Knapp 220000 Liter passen hinein, es ist eine der Touristenattraktionen des Heidelberger Schlosses, dessen romantische Ruine hoch über der Altstadt und dem Neckartal liegt.

Achtung, die Hessen kommen

Dossenheim, Schriesheim, Hirschberg und **Weinheim** ❼ heißen die Weinbauorte an der badischen Bergstraße. In Weinheim wird sie gleich von zwei Burgen bekrönt. Wenige Kilometer weiter in Laudenbach endet der Badische Weinradweg – und nebenbei auch das Land Baden-Württemberg. Der nächste Ort, Heppenheim, gehört schon zu Hessen.

Wer bis hierher gekommen ist, weiß, wie sehr sich Baden in die Länge zieht. Langweilig ist es allerdings trotzdem nicht. Das liegt nicht nur an den Weinen, sondern auch an Land und Leuten. Die reden mit und ohne Alkohol ganz gerne und pflegen ihre Mundart mindestens so sehr wie ihre Reben.

Sehenswert

Das Münstertal 1
In Staufen im Breisgau lohnt sich ein Abstecher ins Münstertal. Dort ist vor allem die Abtei Sankt Trudpert sehenswert, das älteste Kloster im Schwarzwald, das noch immer in Betrieb ist. Man kann dort auch übernachten: www.muenstertal-staufen.de, www.kloster-st-trudpert.de

Gengenbach
Malerische Altstadt mit einem Narrenmuseum im Niggelturm. Von dort hat man auch eine tolle Aussicht. Bekannt ist Gengenbach auch für sein Kloster und seinen Weihnachtsmarkt, aus der Rathausfassade wird dann ein riesiger Adventskalender: www.gengenbach.info

Der Letzenberg
Die Wallfahrtskapelle auf dem Letzenberg im Kraichgau ist ein Kleinod, das den Anstieg lohnt. Von oben hat man einen weiten Blick ins Land und die umliegenden Weinberge. Ein Erlebnis ist dort auch die Pferdewallfahrt am letzten Sonntag im September: www.kath-letzenberg.de

Winzermuseum Rauenberg
Im Schloss der Weinstadt Rauenberg werden die Tradition des Weinbaus und des Dorflebens in der Region dargestellt. Geöffnet jeden ersten Sonntag im Monat von 14 bis 17 Uhr: www.winzermuseum-rauenberg.de

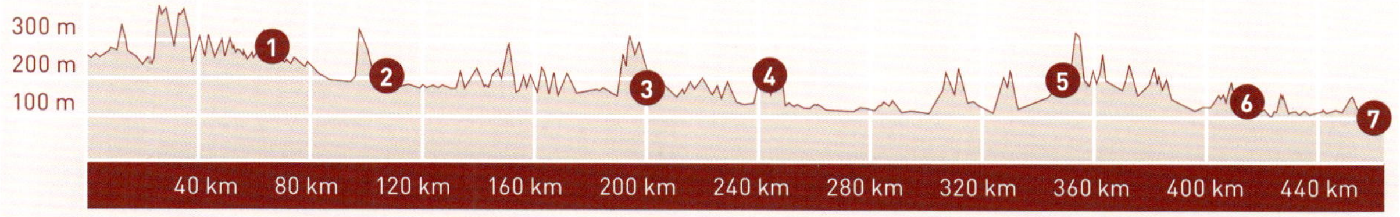

Auf gut Schwäbisch

Radeln durch die Reben: der Württemberger Weinradweg

Der Württemberger Weinradweg kompakt

Start: Niederstetten
Ziel: Rottenburg am Neckar
Gesamtstrecke: 353 km
Höhenmeter: 3361
Fahrzeit: 5–8 Tagesetappen
Schwierigkeit: mittel bis anspruchsvoll

Anreise

Start und Ziel sind mit der Bahn gut zu erreichen, ebenso wie viele Städte entlang der Strecke (Heilbronn, Stuttgart, Esslingen, Tübingen etc.). Im Weinsberger Tal gibt es eine S-Bahn, mit der man die Strecke nach Belieben verkürzen kann. Auch zwischen Heilbronn und Stuttgart gibt es viele Regionalbahnverbindungen: www.bahn.de

Der Radweg

Der Württemberger Weinradweg führt vom Taubertal durch das Heilbronner Land über Ludwigsburg, an Stuttgart vorbei durch das Remstal und Esslingen bis nach Rottenburg. Das Mittelstück ist flach und flussbegleitend, um Kocher und Jagst sowie zwischen Stuttgart und Alb gibt es etliche Steigungen. Man kann ihn auch umgekehrt radeln und in Rottenburg beginnen.

Radtourenbuch

In der Reihe Bikeline (Esterbauer Verlag) gibt es ein Radtourenbuch „Württemberger Weinradweg" (ISBN 978-3-3850004992). Kostenlos ist die Broschüre „Wege durch den Weinsüden" mit einer groben Kartenskizze, die bei der Tourismus Marketing GmbH Baden-Württemberg bestellt werden kann: Prospektservice unter Telefon 01805 556690, www.tourismus-bw.de, www.weinwege-wuerttemberg.de

Einkehr

Gasthaus Ochsen Uhlbach: Im Weindorf Uhlbach unweit des Stuttgarter Weinmuseums gelegen. Auf Württemberger Weine spezialisiert, Mitglied der Kooperation „Haus der Württemberger Weine": www.ochsen-uhlbach.de
Vinothek Friedlein in Bad Mergentheim: Restaurantbetrieb mit einer Vielzahl nicht nur einheimischer Weine im Ortsteil Neunkirchen, vormals bekannt als Landgasthof Rummler: www.vinothek-friedlein.de
Wein-Villa Heilbronn: Restaurant auf hohem Niveau mit eigener Vinothek, im Herzen der Stadt gelegen. Gehört zum Verbund „Haus der Württemberger Weine": www.wein-villa.de
Besenwirtschaften: Wer im Frühjahr oder Herbst unterwegs ist, findet eine Vielzahl von Besenwirtschaften . Das sind saisonal geöffnete Wirtshäuser, in denen die Winzer selbst ihren Wein ausschenken und kleine Gerichte servieren. Ein Verzeichnis gibt es unter www.weinwege-wuerttemberg.de/geniessen/besenwirtschaften

Übernachten

Gästehaus Schenk in Lauffen: Liegt direkt am Neckar und gehört zu den ADFC-Bett-und-Bike-Unterkünften: www.gaestehaus-schenk.de

Allgemeine Auskunft

Tourismus Marketing GmbH Baden-Württemberg,
Esslingerstraße 8, 70182 Stuttgart,
Telefon 0711 238580, www.tourismus-bw.de

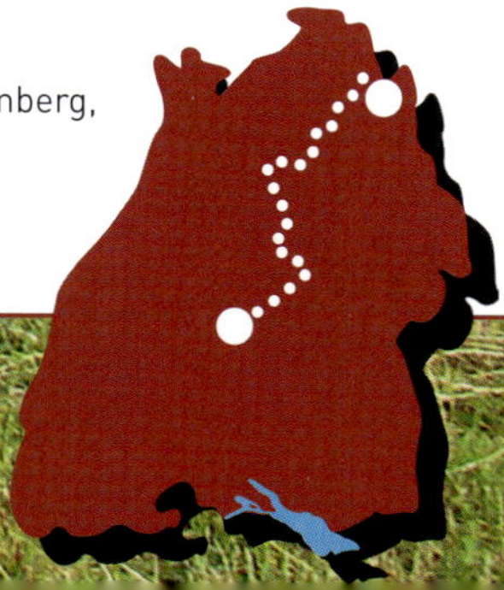

Fachwerk wie aus dem Bilderbuch: Besigheim gehört zu den vielen malerischen Weinorten entlang der Strecke.

353 Kilometer ist der Württemberger Weinradweg lang. Er führt vom Taubertal im Norden entlang des Neckars bis an den Fuß der Schwäbischen Alb. Am Ende hat man viel von Land und Leuten gesehen und alte Weinbautradition erlebt.

Auf rund 100 Kilometer Länge durchfließt die Tauber den Landstrich zwischen Wertheim am Main und Rothenburg o. d. T. Das malerische Flusstal ist gesäumt von alten Städten, Dörfern, Kirchen und Bauernhöfen. Stetiger Begleiter der Tauber sind die hügeligen Uferlagen und die Weine, die dort wachsen: Überwiegend weiße, aber auch rote Sorten werden hier angebaut, am bekanntesten ist der Silvaner.

Hier, im Grenzgebiet zwischen Bayern, Baden und Württemberg beginnt der Württemberger Weinradweg. Es ist die Gegend, in der nicht nur zwei Bundesländer aneinanderstoßen, sondern auch die Territorien der badischen und württembergischen Weinländer: Ist man in Wertheim und Tauberbischofsheim noch auf altbadischem Gelände unterwegs, beginnt in Bad Mergentheim und Weikersheim das Reich der Württemberger Weine.

Die Hohenloher Ebene ist nicht eben

Am Kirchplatz von Niederstetten startet die Radtour auf dem 2013 eröffneten und gut 350 Kilometer langen Württemberger Weinradweg. Nach ein paar Steigungen führt der Weg zunächst durchs Taubertal, vorbei an **Schloss Weikersheim** ❶ mit seinem berühmten Schlossgarten. Der Weg von der Tauber

Hohenloher Weinort Ingelfingen: Auch im Tal des Kocher reifen gute Tropfen.

Rosige Aussichten in Sülzbach im Weinsberger Tal, unweit von Heilbronn.

zu Kocher und Jagst ist ein fröhliches Auf und Ab, die Hohenloher Ebene keineswegs so eben, wie ihr Name eigentlich sagt.

Dafür wird der Gast mit schönen Landschaften belohnt, urigen Dörfern und Menschen, die ihr ganz eigenes Selbstverständnis haben: Einen Hohenloher sollte man tunlichst nicht als Schwaben bezeichnen, die Zugehörigkeit zu Württemberg ist ein Ergebnis der napoleonischen Kriege und der Auflösung der einst selbstständigen Fürstentümer.

Riesenfass in Ingelfingen

Heute sind die Hohenloher bekannt für ihre besondere Mischung aus bäuerlichen Traditionen und industrieller Spezialisierung, fast nirgendwo gibt es so viele Weltmarktführer und findige Unternehmer. Die treten immer wieder auch touristisch in Erscheinung, sei es als Betreiber von Restaurants wie der Jagstmühle in Heimhausen oder aber als Bauherr des zweitgrößten Holzfasses in Europa: Das steht mitten in den Weinbergen von **Ingelfingen** ❷ und beherbergt ein Weinbaumuseum.

Hat man Hohenlohe mit dem Fahrrad überwunden, dann ist man fürs erste auch „übern Berg“. Bald beginnt das Heilbronner Weinland. Rebenbedeckte Hügel säumen den Weg, auf deren Spitze Wald wächst. Überall blühen Rosen, sie sind ständige Be-

Rosen gehören zu den Reben (rechts) wie die Steillagen zum württembergischen Neckarufer.

gleiter in den Weinbergen, eine Augenweide und ein Frühwarnsystem für Rebkrankheiten.

Wer sich ein wenig Zeit nimmt, kann viel lernen auf dem Württemberger Weinradweg. Dass die rote Clevner-Traube eine alte Burgundersorte ist und die Weinbergschnecke bis zu 30 Jahre alt werden kann. Immer wieder lohnen Weinerlebnispfade einen Abstecher, wie der in **Obersulm-Affaltrach** ❸, wo man in einem von Reben umrankten Pavillon rasten kann.

Malerische Ruine Weibertreu

Fast immer ist die Strecke eben und gut asphaltiert, führt durch Fachwerkdörfer wie Sülzbach, vorbei an Wiesen, auf denen das Heu gewendet wird, hin zu alten Burgen, die auf Weinbergen thronen. Ist das da oben nicht die bekannte Ruine Weibertreu? Erhaben liegt sie über der Altstadt von Weinsberg, umzingelt von fächerförmig auf sie zulaufenden Rebzeilen. 6000 Hektar Weinbaufläche gibt es im Heilbronner Land, und nicht wenige davon direkt um die Stadt selbst. Einem Amphitheater gleich liegen sie über dem Zentrum, kaum eine Stadt in Deutschland besitzt so viele Rebflächen wie Heilbronn, die Hauptstadt des württembergischen Rotweins.

Heimat des Katzenbeißers

In Heilbronn ist man auch gleich am Neckar und radelt auf einer schattigen Platanenallee am Wasser entlang. Das südlich der Stadt gelegene Naturschutzgebiet „Altneckar Horkheim“ nimmt den Radfahrer in seine Mitte. Dann Seitenwechsel! Hinüber nach Nordheim, wo nun wieder der Weinbau die Hauptrolle spielt. An einem steilen Hang steht ein kunstvoll verziertes Steinhäuschen in den Reben. Es wird nicht ohne Grund „Weinbergschlössle“ genannt.

Zeit für eine Einkehr: **Lauffen am Neckar** ❹ bietet sich dafür an. In einer gemütlichen Gaststätte am Flussufer heißt es Platz nehmen und einen Schluck probieren. Der Lauffener Katzenbeißer ist legendär, ein Rotwein oder Rosé, der hier überall ausgeschenkt wird und – maßvoll genossen – den Radler nicht gleich aus dem Sattel hebt.

Wein-Doktor Heuss

Der Radweg bis Stuttgart verläuft überwiegend flach. Er folgt dem Lauf des Neckars, führt in Marbach am Schillermuseum vorbei und in Besigheim an den berühmten Felsengärten, deren Name sich in manchem Trollinger und Lemberger wiederfindet. Die Gegend zwischen Heilbronn und Ludwigsburg ist auch die Heimat des ersten Bundespräsidenten Theodor Heuss, der aus der Lemberger-Hochburg Brackenheim stammte und in seiner Dissertation den Wein als „König aller Getränke“ bezeichnete.

Auf königlichen Spuren unterwegs ist auch, wer dem Württemberger Weinradweg durch die Landeshauptstadt Stuttgart folgt. Die Grabkapelle auf dem Württemberg thront inmitten ausgedehnter Weinberge. Unmittelbar darunter, im Ortsteil Uhlbach, wartet das Stuttgarter **Weinbaumuseum Stuttgart** ❺ in der Alten Kelter auf Besucher. In Stuttgart ist der nächste Weinberg nie weit, es ist die einzige Großstadt Deutschlands, die ein eigenes städtisches Weingut besitzt.

Dem Radfahrer auf dem Württemberger Weinradweg wird nun freilich wieder etwas Kondition abverlangt. Auf den Wegen durchs Remstal steigt es immer wieder an. Die Weine der Rems genießen längst überregionalen Ruf, die Rieslinge, die hier angebaut werden, finden sich auf den Speisekarten so mancher Sterne-Restaurants wieder.

Älteste Sektkellerei

In Esslingen begegnet der Radler wieder dem Neckar sowie einer Stadt, in der es lohnt zu verweilen. Sie wird gesäumt von schönen Weinlagen unterhalb ihrer Burg, die in Wahrheit nur ein Stück pittoreske

Es blüht und duftet überall: Lavendel am Wegesrand ganz in der Nähe von Lauffen am Neckar.

Stadtmauer ist. In der ältesten Sektkellerei Deutschlands, bei **Kessler** ❻, werden die Reben auch zu prickelnden Schaumweinen verarbeitet.

Irgendwann ist man am Fuße der Schwäbischen Alb angekommen. Einen ausführlichen Stopp lohnt dabei **Metzingen** ❼. Das besteht nicht nur aus Outlet-Stores. Tatsächlich ist Metzingen noch immer eine der bedeutendsten Weinbaugemeinden in Württemberg: Sieben historische Keltern stehen im Zentrum, ein denkmalgeschütztes Ensemble, zu dem auch ein sehenswertes Weinbaumuseum gehört.

Tübingen für Träumer

Dann führt der Württemberger Weinradweg noch einmal ein schönes Stück am Neckar entlang: Die alte Universitätsstadt Tübingen lockt mit ihren malerischen Häuserfronten und der Platanenallee. Am Ende der Tour steht Rottenburg am Neckar, eine katholische Bischofsstadt im einst ganz protestantischen Württemberg. Früher einmal gehörte Rottenburg zu Vorderösterreich, zum Reich der Habsburger, und fiel erst 1805 an Württemberg: Der Weg durch die Württemberger Weinberge ist nicht nur eine Reise durch die vielfältigen Regionen des schwäbischen Weinbaus, sondern auch durch die wechselvolle Geschichte des Landes.

Wahrzeichen: die Kelter in Metzingen (oben) und die weithin sichtbare Wurmlinger Kapelle.

Sehenswert

Weinbaumuseum Stuttgart ❺
In der Alten Kelter in Uhlbach ist das sehenswerte Stuttgarter Weinbaumuseum untergebracht, zu dem auch eine Vinothek gehört. Das Dorf liegt am Fuß der Grabkapelle auf dem Württemberg: www.stuttgart-tourist.de/a-weinbaumuseum-stuttgart

Sektkellerei Kessler ❻
Deutschland älteste Sektkellerei hat in einem imposanten mittelalterlichen Gebäude direkt in der Altstadt von Esslingen ihren Sitz. Es gibt Führungen und auch einen Direktverkauf: www.kessler-sekt.de

Weinheimat Württemberg
„Weinheimat Württemberg" heißt die Dachmarke der Winzergenossenschaften in Württemberg. Sie unterhalten viele Verkaufsstellen entlang des Weinradweges, zu den bekanntesten gehört die Felsengartenkellerei in Besigheim: www.weinheimat-wuerttemberg.de

Sieben Keltern ❼
Metzingen am Fuße der Alb ist nicht nur ein Zentrum der Outlet-Stores, sondern auch des historischen Weinbaus. Das Ensemble sieben denkmalgeschützter Keltern ist heute ein Weinbau-Museum: www.weinbaumuseum-metzingen.de

Württemberger Weinradweg

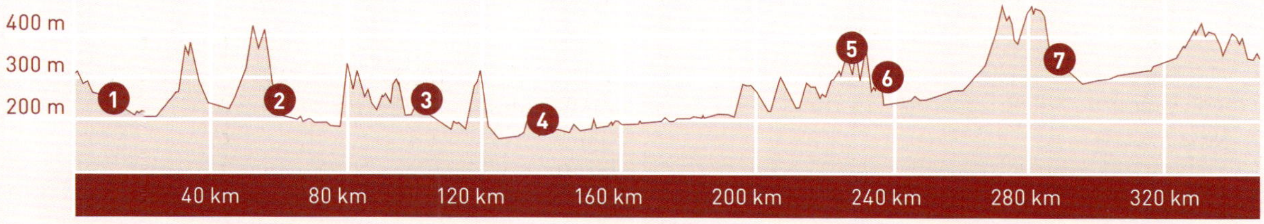

Bild- und Kartennachweis

Mit 78 Farbfotos von Andreas Steidel; Stefan Balk / Fotolia: S. 110 o.; Jörg Batschi: S. 54, 158 u.; Günther Bayerl / Staatliche Schlösser und Gärten Baden-Württemberg (SSG): S. 56 o., 110 u.; Thomas Bichler / Ferienwelt Südschwarzwald e.V.: S. 28; Bodenseegärten: S. 85 r.; Jan Bürgermeister / Arbeitsgemeinschaft Kocher-Jagst-Radweg: S. 36, 39 l.; Deutsche Weininstitut GmbH: S. 154, 156; Rudolpho Duba / Pixelio: S. 114; Otto Durst / stock.adobe.com: S. 38; Christoph Eberle / Schwarzwald Tourismus: S. 91; Wolfgang Ellsässer: S. 155 o.; Clemens Emmler / ZweitälerLand Tourismus: S. 22; Erlebnis Akademie AG: S. 101; Peter Frischmuth: S. 66, 70, 72; Joachim Gerstner / compusign .grafisches büro: S. 146; Carolin Heymann / Schwarzwald Tourismus: S. 150; Hochschwarzwald Tourismus: S. 93 o.; Isny Marketing GmbH: S. 109; Jagsthausen: S. 40; Alexander Jennewein / Oberschwaben Tourismus GmbH: S. 104; Karlsruhe Tourismus GmbH: S. 115 r.u.; Chris Keller / Schwarzwald Tourismus: S. 32, 33 u., 149; Alex Kijak / Tourismus GmbH Nördlicher Schwarzwald: S. 42, 44; Yü Lan / stock.adobe.com: S. 31; Landratsamt Rastatt: S. 140; Achim Mende / SSG: S. 63, 107 o.; Frank Müller / Oberschwaben Tourismus: S. 82, 106, 108 l.; Hans Noll / REGIO Konstanz-Bodensee-Hegau e.V.: S. 132; Oberschwaben Tourismus GmbH: S. 108 r.u.; Obst vom Bodensee Vertriebsgesellschaft: S. 86; Katja Pfrommer: S. 5, 13 u., 24, 77 u.r., 80 u., 118; PRILL Mediendesign / stock.adobe.com: S. 39 r.; Harald Raebiger / Bad Wimpfen: S. 56 m.; Thomas Rathay / Schwäbische Alb Tourismus: S. 16, 74, 79; rcfotostock / stock.adobe.com: S. 34 o.; REGIO Konstanz-Bodensee-Hegau e.V.: S. 135 l.; Jürgen Rösner / Karlsruhe Tourismus GmbH: S.112; Manuel Schönfeld / stock.adobe.com: S. 60; Schwarzwald Tourismus: S. 102 l.; sculpies/Fotolia: S. 55; Smileus / stock.adobe.com: S. 50; Thomas Stephan / Stadt Munderkingen: S. 18; Thomas Stupka / Oberschwaben Tourismus GmbH: S. 108 r.o.; Stramyk Igor / Fotolia: S. 1, 2, 3; Rainer Sturm / Pixelio: S. 6; Tourismus GmbH Nördlicher Schwarzwald: S. 45, 46, 47 u., 48; Touristik Bad Wildbad: S. 102 r.; Touristinfo Bühl: S. 138; Benny Trapp / stock.adobe.com: S. 107 u.; Fuad Vollmer Werbeagentur: S. 10, 12, 14; Wulf Wager: S. 4; Wamito: S. 158 o.; Andreas Zimmermann / Basel Tourismus: S. 34 u.

© Karten: KOSMOS Kartografie, Stuttgart, Bearbeitung: Annette Wrobel

Impressum

Umschlaggestaltung von Jörg Batschi unter Verwendung eines Farbfotos von ARochau/stock.adobe.com.

Mit 155 Farbfotos und 22 Karten.

Bibliografische Information der Deutschen Nationalbibliothek.
Die Deutsche Nationalbibliothek verzeichnet diese Publikation in der Deutschen Nationalbibliografie; detaillierte bibliografische Daten sind im Internet über http://dnb.dnb.de abrufbar.

Gedruckt auf chlorfrei gebleichtem Papier

2. Auflage, 2022

ISBN 978-3-7630-2846-7
Redaktion: Wulf Wager, Dirk Zimmermann
Produktion: Tatyana Momot
Korrektorat: Sabine Besenfelder
Gestaltung und Satz: Wager Kommunikation GmbH, Altenriet
Druck und Bindung: FIRMENGRUPPE APPL, aprinta druck, Wemding

Printed in Germany / Imprimé en Allemagne

Unser gesamtes Programm finden Sie unter **belser.de**.

FSC www.fsc.org MIX Papier aus verantwortungsvollen Quellen FSC® C004592